イラストと図解でわかる

空き家の利活用

山岸 加奈 著

プラチナ出版

人が集まるコミュニティづくり

リアルとオンラインのハイブリットでコミュニケーション。コミュニティからビジネスが創出される

築50年リノベした借家をワンディカフェに（P108）

後進の育成のためにセミナーを開催（P76）

憧れの自給自足を楽しめるイベント（P42）

ブルーベリーの観光農園に（P94）

下町のお屋敷がコスプレイヤーの聖地に

日本文化のイベントが多数開催（P58）

Space

不動産と人とモノで仕組みづくり

はまなこ みんなのカフェ むらくしビーチ『エスコア』（P108）

コーヒー豆焙煎の販売店と EC サイトで、町内会の推薦を受け、京都市から表彰された宿（P146）

北海道仁木町にあるレストラン・宿泊の複合型ワイナリー（P162）

旧学生寮をシェアハウスに（P42）
定着しつつあるシェアリングエコノミー

下町のお屋敷を宿泊・レンタルスペースに（P58）

食文化に人が集まる

京都で焙煎するコーヒー豆を販売（P146）
京都のふるさと納税の返礼品となる

廃業寸前の菓子店を救った「鯱もなか」（P130）

仁木町のニキ・ヒルズ・ワイナリー（P162）

無人栽培＆ IT 集客でブルーベリーの観光農園を経営され、ブルーベリーのピザやケーキなども食べられる（P94）

自給自足の生活スタイルを目標とし狩猟されたジビエ料理を家族で堪能 (P42)

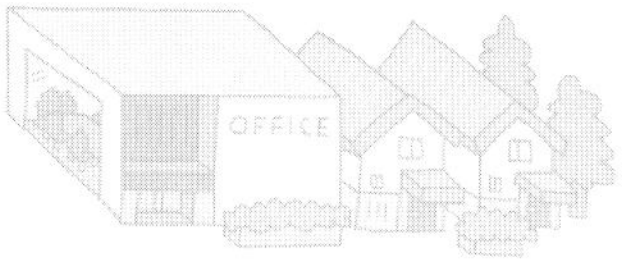

はじめに

たくさんある書籍のなかから、本書を選んでいただきましてありがとうございます。

私は長らく空室対策コンサルタントをしていますが、２作目となる本書は空室対策を伝えるものではありません。

読者の皆様は２０２３年3月に「空家等対策の推進に関する特別借地法の一部を改正する法律案」が閣議決定されたことをご存じでしょうか。

少子高齢化が進む日本において、管理されず周囲に悪影響を及ぼす可能性のある空き家を「管理不全空き家」とみなして、固定資産税が減額される住宅用地特例が解除されるなど、所有者の責務が強化されます。

かみ砕いていえば、空き家を放置し続けていれば固定資産税が6倍に跳ね上がり、危険な状態にならないように指導が入ります。定期的な敷地内の管理、建物の修繕、そうでなければ売却するなど、とにかく保有者は責任を問われるのです。

こうした政府の動きもあり、余っている不動産、そのままでは使えない不動産を「どう有効活用していくのか」、その答えが求められています。

本書では「不動産にどのような価値を見出し、どのように活用ができるのか」にフォーカスして「売る・貸す」ではない、さまざまな取り組みを取材しました。

「空き家問題」は大きな課題であり、たった一人が行動しただけで変化するものではありませんが、本書を通じて一人でも多くの方に関心も持ってもらいたいです。

そして、空室対策だけに終わらない、その先を見据えた考え方ができるようになれば、自身の不動産賃貸業はもちろんのこと、この日本の経済もより良くなるのではと考えて筆を執りました。

建物・場を活用して、人が賑わう仕組みづくりをすることで、それが人の暮らしや事業につながり永続性が生まれます。

放棄された農地や承継者不足に悩む製造業は、人を引き寄せる食文化の価値提供とアプローチから地域発展へと広がっています。

アフターコロナで新しいライフスタイルが提唱されていますが、理想だけでなく地に足をつけて行動されている方々の事例を紹介することで、空き家・空き地の利活用のヒントになれば、著者として望外の喜びです。

目次

第1章 問題は〝空き家〟だけではない

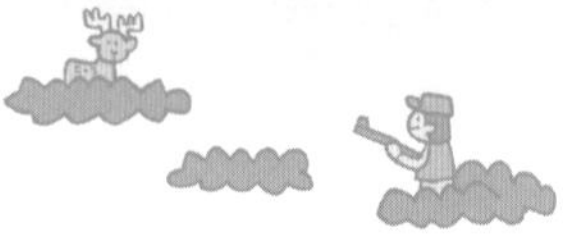

第2章 コミュニティと空き家の利活用

Contents もくじ

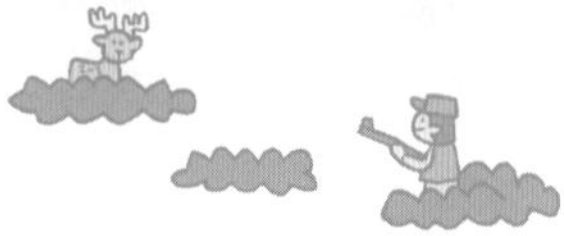

第3章　事業家支援と不動産の利活用

Contents もくじ

第5章 これからの可能性

カバーイラスト　いぢちひろゆき／本文イラスト　川田あきひこ
装丁・本文デザイン・DTP　井関ななえ

WINERY

第1章

問題は〝空き家〟だけではない

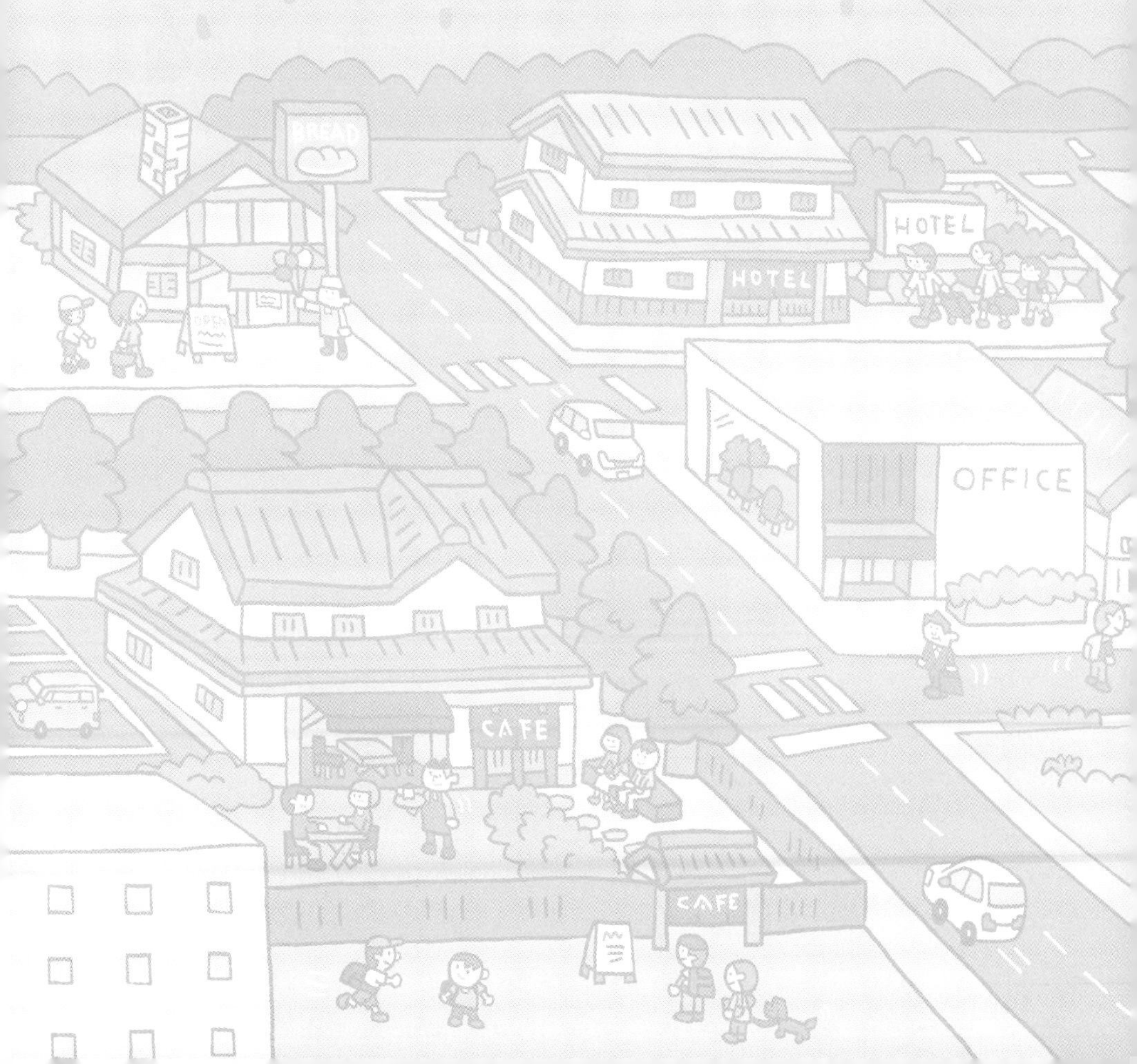

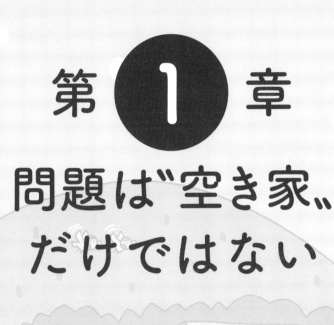

過去最多となった空き家

テレビやネットニュース、ＳＮＳでもたびたび取り上げられているように、日本では「空き家問題」が深刻化しています。

その代表的な理由が少子高齢化です。くわえて人口移動の変化などの背景もあり、「管理が行き届いていない空き家が、防災・衛生・景観などの面で人々の生活環境に悪影響を及ぼす」という社会問題が起きています。

ここで総務省統計局が5年ごとに実施する、「住宅・土地統計調査」のデータを紹介しましょう。

「住宅・土地統計調査」は、日本の住宅と、そこに居住する世帯の居住状況、世帯の保有する土地などの実態を把握し、その現状と推移を明らかにする統計調査です。それによると空き家の総数は、この20年で約1・5倍に増えています。

くわしく推移をみると、１９８８年の調査では空き家の総数が３９４万戸でしたが、１９９３年では４４８万戸、１９９８年には５７６万戸、２００３年６５９万戸、２００８年７５７万戸、２０１３年で８２０万戸と増加しています。

そして、直近の2018年は「平成30年住宅・土地統計調査特別集計」によれば、空き家数は約849万戸と過去最多となり、全国にある住宅の13・6％を占めています。空き家問題がニュースで騒がれたのが2013年の820万戸でしたが、そこから5年の間で、さらに29万戸も増えているのです（**5ページ・図表1－1参照**）。

この空き家を4つに区分して、2018年の調査結果をグラフにしたものが**5ページ・図表1－2**です。

区分について解説しますと、住宅・土地統計調査における空き家は4種類。それぞれ次のように定義づけされています。

①賃貸用の住宅
賃貸のために空き家となっている住宅のこと（新築・中古含む）。調査結果では、空き家全体の50・9％を占めています。
②売却用の住宅
売却を目的として空き家になっている住宅のこと（新築・中古含む）。調査結果では、空き家全体の3・5％を占めています。
③二次的住宅

週末や休暇の際に避暑や避寒、保養などを目的として使われる別荘や、残業などで遅くなったときに寝泊まりする家など、普段は人が住んでいない住宅のこと。

④その他の住宅

①から③以外の人が住んでいない住宅のことで、転勤や入院など、何らかの理由によって長期不在になっている住宅や、取り壊す予定の住宅。

内訳を種類別に解説します。

まず「賃貸用の住宅」は空き家全体の50・9％も占めています。賃貸住宅における空き家といえば、大家さんを苦しめる空室です。

私自身、空室を埋めるためのコンサルティング業を長く続けていますが、地方であっても都会であっても、賃貸住宅の空室はたくさんあります。

賃貸住宅で空室が増える理由は、需要と供給のバランスの崩れで、必要とされる数以上の賃貸住宅があるからです。

一方で「売却用の住宅」は全体の3・5％にすぎません。続いて、別荘やセカンドハウスなど「二次的住宅」が4・5％。

最後に、誰も住まなくなり放置された「その他の住宅」は、空き家全体の41・1％を

図表1－1　空き家の種類別の空き家数の推移

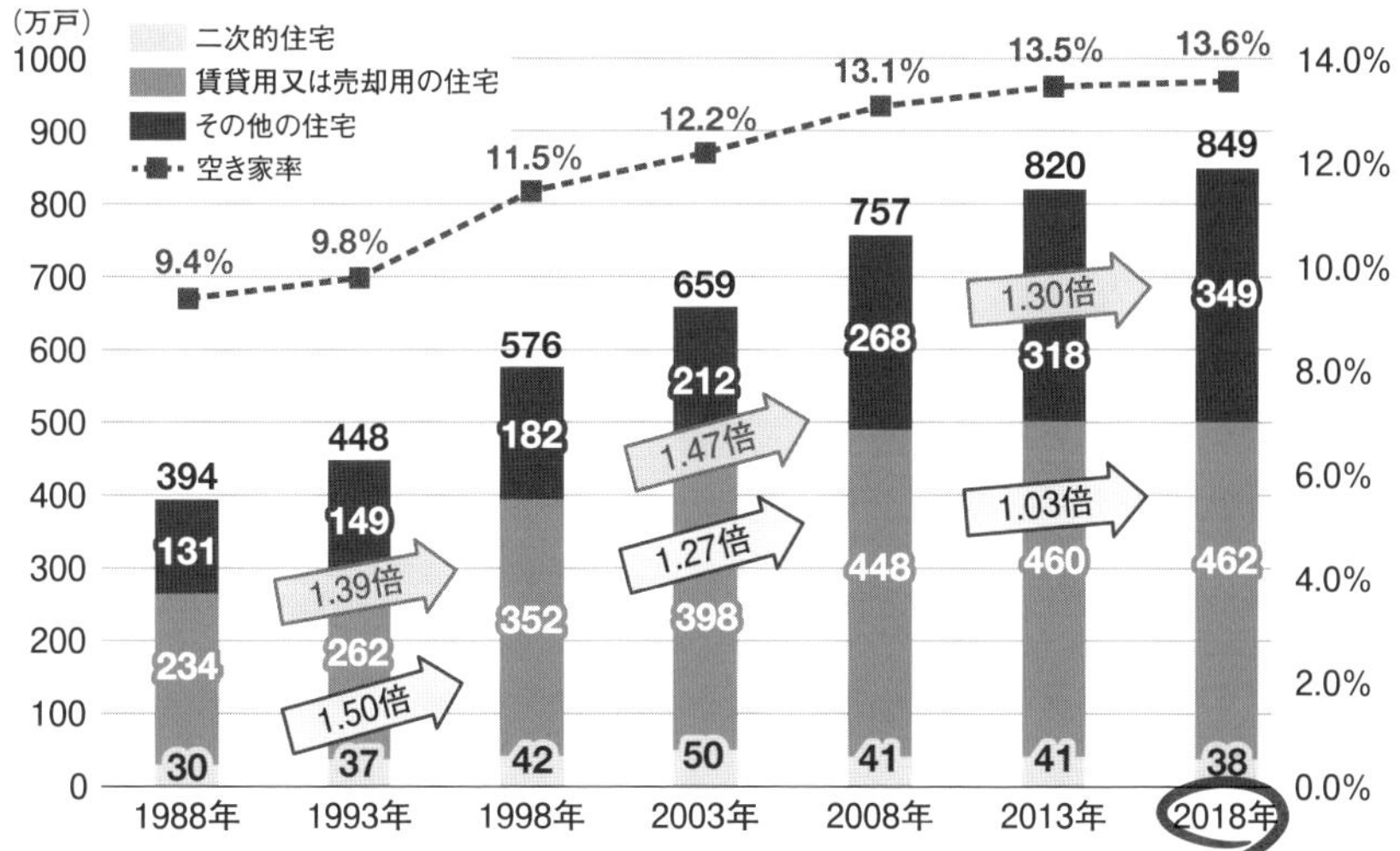

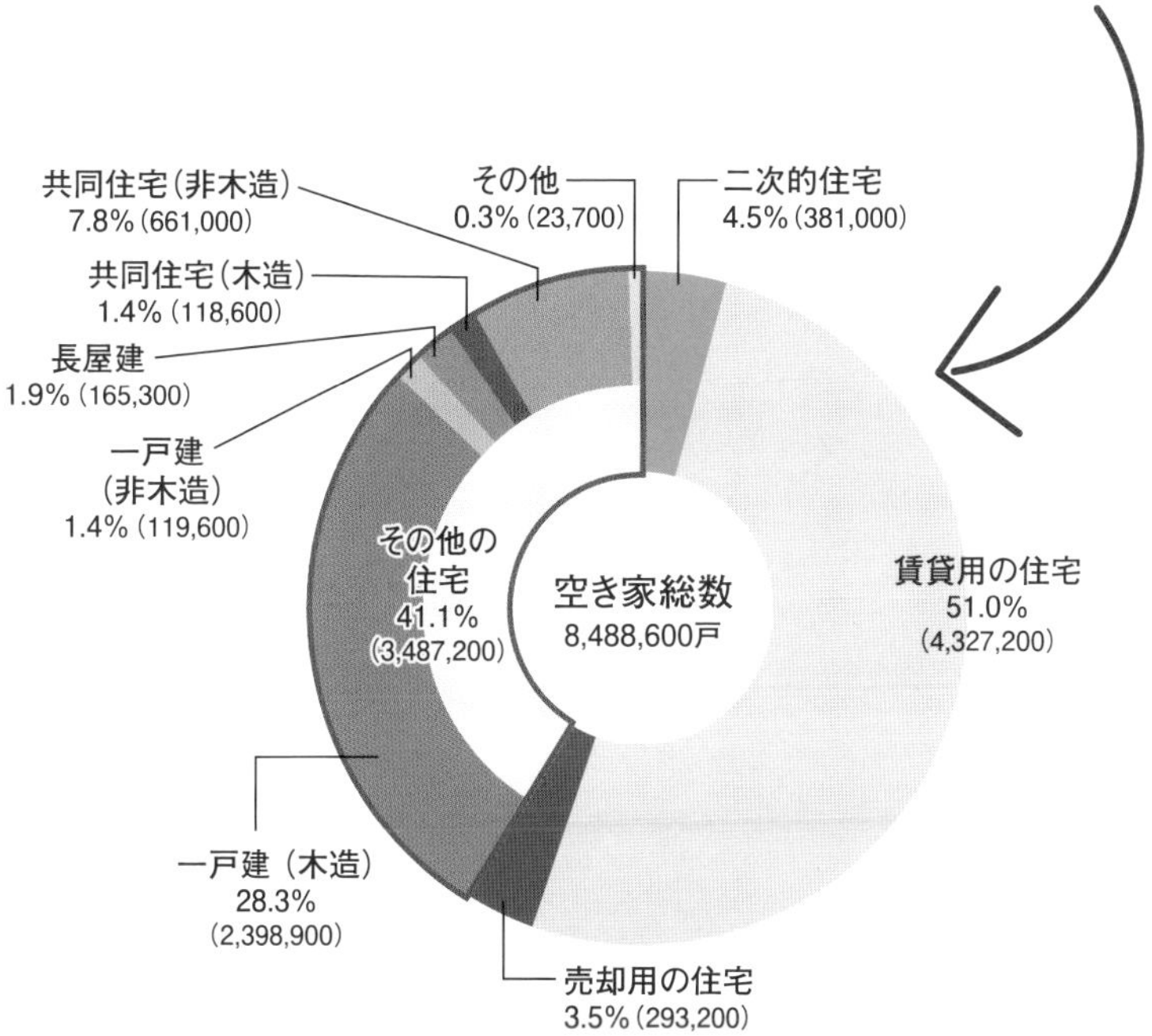

図表1－2　空き家の種類別内訳

出典：「平成30年住宅・土地統計調査 特別集計」（総務省統計局）

占めており「賃貸用の住宅」についで割合が多く、近年もっとも増加傾向にある種別です。

なかなか埋まらないアパート・マンションの空室や、売却してもなかなか買い手がつかない家も困った存在ではありますが、社会問題としてクローズアップされているのが、「その他の住宅」です。

次項でくわしく解説しますが、増加する空き家の有効利用の対応が各地において必要とされています。

なぜ空き家が増えるのか

では、なぜ日本は空き家がこれほど増えてしまったのでしょうか。その理由について検証してみましょう。

古い建物が活かされず、流通もしにくい

日本では、京都など歴史的建造物が多い地域では、これらを保存する条例があります。積極的に歴史的建造物を再生・利活用することで、多くの観光客の集客に成功しているケースもあります。

しかし、建物の保存には多額のコストがかかることも指摘されていますし、一般の住宅に適応した内容ではありません。

一般的な住宅に関しては「マイホーム＝新築」信仰がいまだに根強く残っています。たくさんの空き家があるにもかかわらず新たな新築が生み出され、それが空き家の増える一因になっているのです。

使われなくなった中古住宅を販売できれば良いのですが、そこに対して構造的なネッ

クがあります。

そもそも、日本をはじめとするアジアと欧米では、不動産に対する評価が大きく変わります。たとえばアメリカで土地と建物の評価を見る場合、一部地域を除き土地に比べて建物の評価割合が高いです。

対して日本は、土地の評価を重視します。土地の評価基準も「実勢価格」「相続税路線価」「公示価格」「固定資産税評価」など複数あることが特徴です。

土地は経年劣化しませんが、建物の価値は時間と共に減少して最終的にはゼロになるため、築年数の経った建物を住宅として流通させるのは難しくなります。

その結果、築古の建物は取り壊して更地にするか、「古家付きの土地」という形で販売することになります。そのため、中古住宅の流通がとても少ないのです。

国土交通省が2020年に公表した「既存住宅市場の活性化」の「既存住宅流通シェアの国際比較」によれば、全住宅流通量（既存流通＋新築着工）に占める既存住宅の流通シェアは約14・5％（2018年調べ）にとどまっており、欧米諸国と比べると6分の1から5分の1程度と低い水準にあります**（図表1－3）**。

図表1－3 既存住宅流通シェアの国際比較

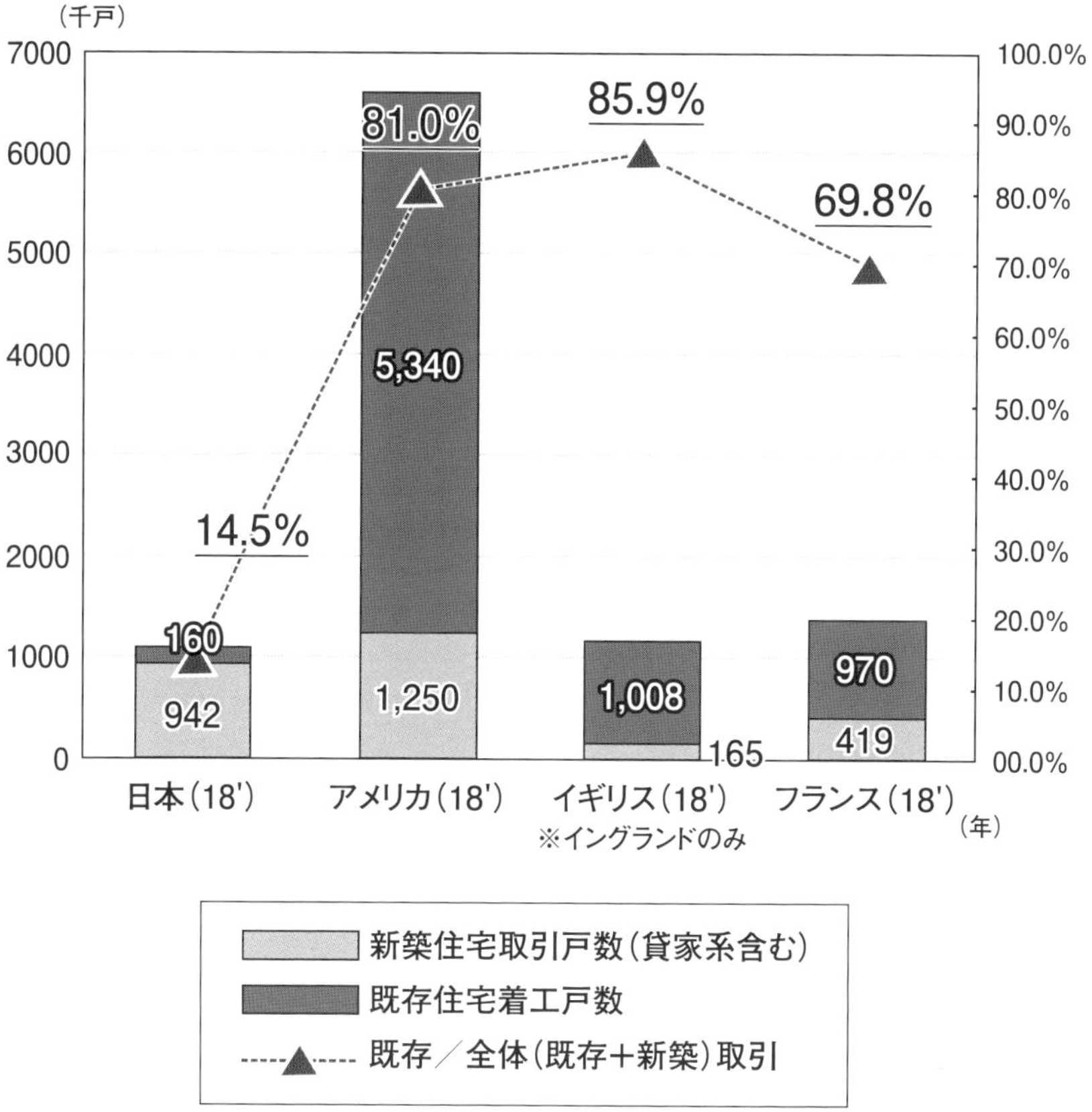

22年経つと木造の建物価値がゼロに

なぜ、日本では建物の価値が著しく低いのでしょうか?

それは日本の中古住宅が、「築年数のみを基準とする評価」が一般的だからです。簡単に説明すれば「築年数を経た建物の価値が低い」というわけです。

これには、法定耐用年数と減価償却が深くかかわっています。減価償却とは、事業用に取得した固定資産の支出を、その資産が使用できる期間にわたって費用配分して経費計上する会計処理の方法です。

法律で定められた年数（法定耐用年数）に基づいて計算されますが、この年数が建物評価の基準になっているのです。

とくに木造建築物の法定耐用年数は22年と定められているため、22年経ったら人が住める家であっても、建物の価値（=銀行評価）はゼロになり、前述した「古家付きの土地」として扱われます。

そのほか、鉄骨造が鉄骨の厚さにより19〜34年、鉄筋コンクリート造・鉄骨鉄筋コンクリート造なら47年と法定耐用年数が定められています。

これがアメリカの場合、アメリカの税法上、居住用賃貸不動産の減価償却の耐用年数は、構造や築年数に関係なく27・5年と定められています。

それに比べて日本では古い建物がまったく評価されず、個別に住宅本来の使用価値を考慮した適正な建物評価が行われているとは言い難い状況なのです。

また、リフォームやリノベーションによる住宅の使用価値についての客観的な指標がなく、取引における市場価格や金融機関の担保価値に、リフォーム部分が必ずしも適正に反映されていないことも問題となっています。

政府としても中古住宅の流通を活性化したい方向です。たとえば、民間金融機関と住宅金融支援機構が提供する長期金利固定の住宅ローン「フラット35」では、中古物件も対象となっています。

また、物件評価よりも支払い能力を主な審査対象とするマイホームであれば、築年数が古い物件でも住宅ローンが付くこともあります。

しかし、アパート・マンションや貸家など賃貸用の住宅では、築古物件の評価が著しく低く、収益性を重視する一部の金融機関を除き融資を受けるのは、なかなか難しいのが実情です。

最近になって、不動産鑑定評価を取り入れて経済耐用年数に基づき、評価額や買い入れ年数を伸ばす動きもありますが、ごく一部の金融機関に限られます。

図表1－4　本来あるべき住宅の使用価値

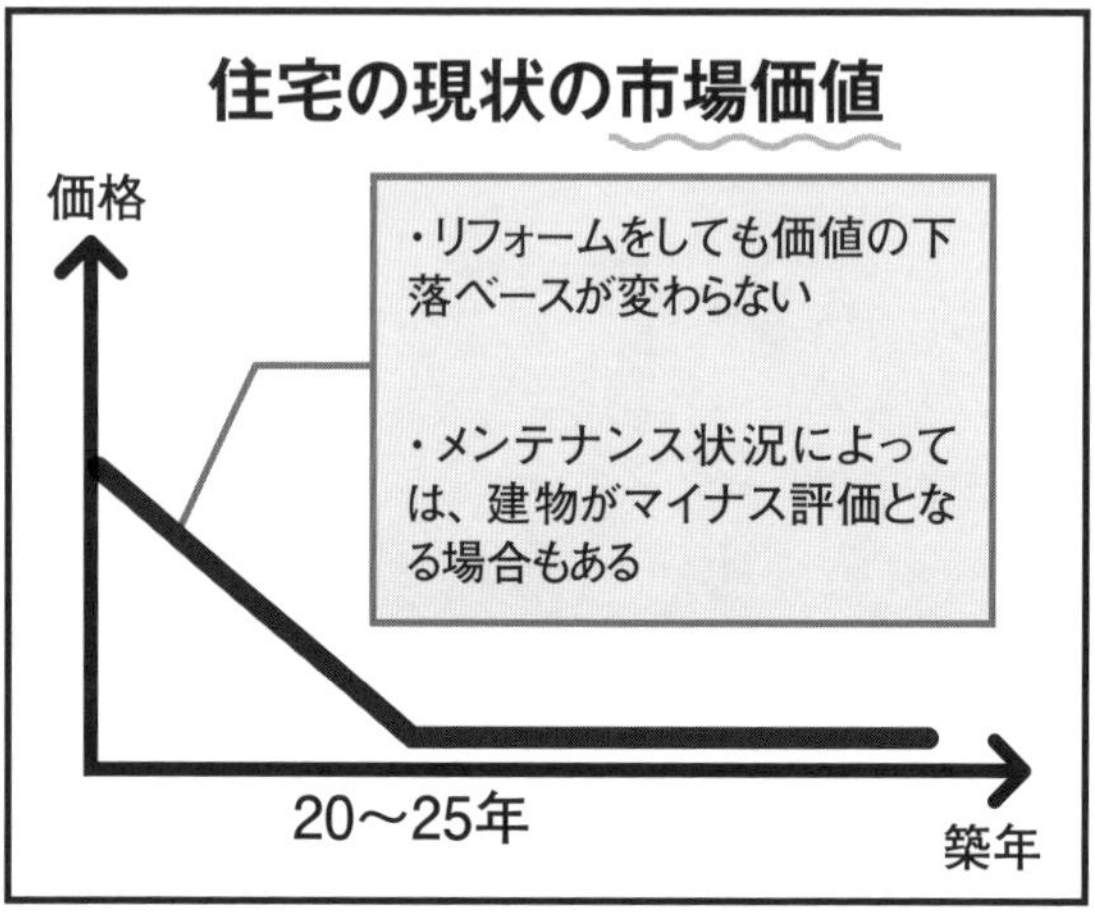
住宅の現状の市場価値
価格
・リフォームをしても価値の下落ペースが変わらない
・メンテナンス状況によっては、建物がマイナス評価となる場合もある
20～25年
築年

築後20～25年で建物価値はゼロ

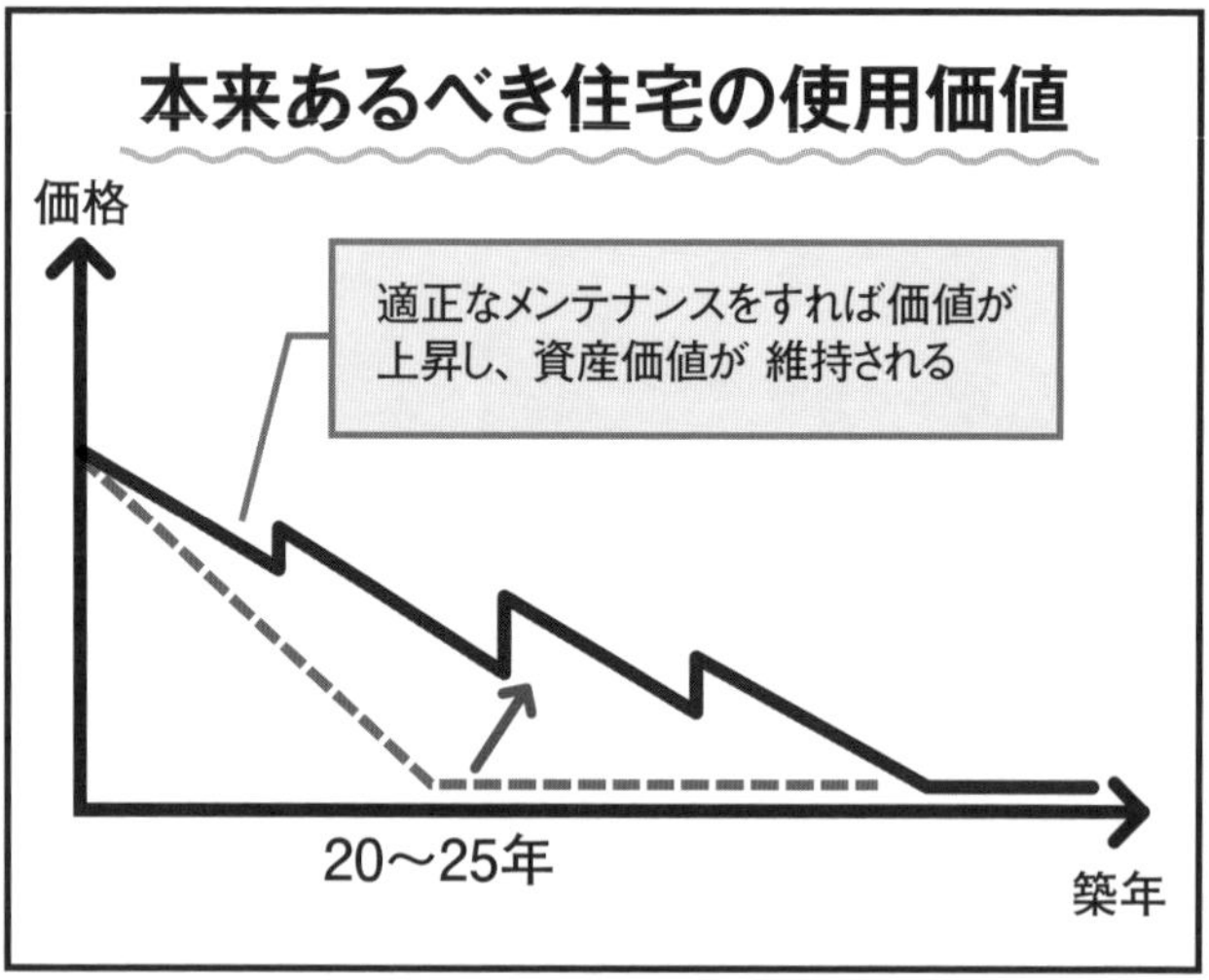
本来あるべき住宅の使用価値
価格
適正なメンテナンスをすれば価値が上昇し、資産価値が 維持される
20～25年
築年

出典:「中古戸建て住宅に係る建物評価の改善に向けた指針のポイント」（国土交通省）

相続トラブルによる塩漬け不動産

空き家を放置する最大の理由は、前述したように相続人が増えすぎて「売る・売らないの決定ができない状況にある」、もしくは「相続人の意見が割れている（例：兄は売りたいが、弟は売りたくない）」などが挙げられます。

この発端となるのが相続です。相続時のトラブルは増加傾向にあります。

2021年に公表された「最高裁判所 司法統計年報」によると、2000年時点で8889件だった調停・審判件数が、2020年には1万1303件に増えています。さまざまな要因はありますが、主なものに「高齢化に伴い相続の発生件数が増加傾向である」ことが挙げられます。

相続が増えた結果、遺産分割の協議（遺産の分け方を話し合う協議）で、相続人同士の意見が異なり、分割の方法について合意に達することが困難となるケースも増えているのです。

とくに相続財産が不動産の場合は配分が難しく、売却するか否か、誰が所有するかなど選択肢も複数あり、もめるケースが多いです。

法定相続人全員の署名・捺印のある遺産分割協議書は「相続税の申告書の提出」や「不

動産の相続登記」、「金融機関の手続」をする際に必要な書類です。

不動産や預貯金などといった遺産は、名義変更の際には遺産分割協議書が必須で、それがなければ手続に応じてもらえないのです。

遺産分割しないと財産は被相続人のものとなり、不動産の活用や預金の全額引き出しもできません。

さらに不動産は固定資産税など、所有しているだけでかかるコストもあり、これを「誰が払うのか」ともめるケースもあります。

遺産分割協議が合意にいたらないことで、塩漬け不動産が生み出されています。塩漬け不動産とは、相続手続きが行われず放置されている不動産を指します。

この背景には、２０１５年の税制改正の影響もあります。相続税の税率も上がりましたが、相続税の課税対象にならない「基礎控除額」の計算方法が以下のように変わりました。

・2014年12月31日まで：5000万円＋（1000万円×法定相続人）
・2015年1月1日以降：3000万円＋（600万円×法定相続人）

基礎控除とは、相続財産から一定額を差し引きできる制度で、法定相続人の数によって控除額は変わりますが、誰もが平等に利用できます。

仮に法定相続人が１人とすれば、税制改正前は６０００万円まで非課税だったのに、改正後は３６００万円に減額してしまったというわけです。この差額の２４００万円は小さな額とはいえません。この税制改正により、相続税の課税対象者も増えました。

たとえば法定相続人が２人で、相続財産が６０００万円だった場合、以前は相続税が発生せず申告も不要でしたが、今の税制では課税対象となります。

「ウチは地主でも資産家でもないから関係ない」と安心していても、地価の高い都市圏でローンを完済した自宅を保有し、かつ有価証券や現金などを多少でも持っていれば、子どもが１～２人だと相続税が発生する可能性が高くなりました。

地主や経営者など相続財産がある人は、資産管理法人を設立したり、専門家を入れて資産を分割しやすくしたり、何かしらの対策をしているものです。

そうでない場合は相続のタイミングで、はじめて納税対象であることを知るケースも多いです。資産が不動産の場合、前述したように分割も現金化も難しくなり、納税資金の捻出はもちろんのこと、財産の分け方で揉めるケースもあります。

きちんと相続されず「所有者不明土地」に

不動産が相続されていく過程で、持ち主がわからなくなることもあります。これは「所有者不明土地」と呼ばれ問題になっています。

「所有者不明土地」とは、相続の際に土地の所有者についての登記が行われないなどの理由により、不動産登記簿を確認しても所有者が不明の土地、または所有者がわかっていても所在が不明で、所有者に連絡がつかない土地のことを指します。

所有者不明土地が生じる主な原因として次の2点があります。

・土地の相続の際に登記の名義変更が行われない

相続の際、そもそも名義変更（所有権移転登記）がされず、ほったらかされているケースです。本来、不動産の所有者が変わった場合は、その所有権を移転登記する必要があります。

所有権移転登記とは、新しい所有者が不動産の所有者であることを公的に認定する手続です。これにより、新しい所有者が不動産を有する法的根拠が確立されます。

不動産の所有権移転登記は法務局で行われ、登録免許税や印紙税などの税金、司法書

士へ依頼する費用なども必要なため、わざわざ移転登記する必要はないと考える人も多いのです。

・所有者が転居したときに住所変更の登記が行われない

1人から1人へ相続されるのであれば複雑化しませんが、複数が所有者となってしまったため、そのうち権利者がどんどん増えすぎて、持ち主が誰かすらわからなくなるケースです。

たとえば、父親が所有していた不動産を子どもが相続したとします。そして、その子どもが亡くなったら今度は孫が相続します。その際に1人だけが相続すればいいのですが、共有名義（複数人）で所有すると、権利を持つ人が枝分かれ的に増えていくことになります。やがて曾孫の代になると、自分が不動産を相続していることすら知らない場合もあります。そうなると持ち主の特定は非常に難しくなります。

このような土地が日本各地で増加しており、国土交通省の調べ（２０１７年度）によれば、全国の所有者不明土地の面積を合わせると九州よりも広く、国土の約22％にも及んでいるそうです。今後、さらに所有者不明土地は増えていくと予想されており、各地で社会問題になっています。

図表１－５　相続人が相続登記しないと特定が困難

土地の登記名義人が死亡
相続人が相続登記をせず放置
何十年もたつと…
相続人が増えすぎ、特定が困難に

出典：「なくそう、所有者不明土地！」（政府広報オンライン）

そこで不動産登記の制度が見直され、その発生を防ぐため、相続登記の申請が２０２４年の４月から義務化されることになりました。また、住所などの変更登記の申請も、２０２６年４月までに義務化されることとなりました。

なお、現在は相続登記や住所などの変更登記がされずに放置されている土地も義務化の対象になります。

後継者不足によるシャッター商店街化

全国各地の商店街では閉店が相次ぎ、シャッター商店街化が止まりません。

コロナ禍では飲食店や小売店など、たくさんの店舗が閉店しました。その理由として、コロナ禍での生活スタイルの変化によるインターネット通販の普及も大きいですが、それ以前には地方や郊外の大型ショッピングモールの進出なども挙げられます。

しかし、もっとも大きい理由は、少子化による人口減少や後継者不足です。

くわしいデータを見てみましょう。２０２２年に発表された中小企業庁「令和３年版　商店街実態調査報告書　概要版」は、商店街の景況や空き店舗の状況、商店街が抱える問題などについて調査しています。

商店街の空き店舗数の平均は5・49店で、空き店舗率は13・59％となり、前回調査より0・18ポイント減少しました**（図表1－6）**。

空き店舗率ごとの商店街数の分布をみると、空き店舗率が10％以上の商店街は全体の43・3％となり、前回調査（41・3％）より2・0ポイント増加しました**（図表1－7）**。

ここ3年間で、一商店街における空き店舗数の変化をみると、「増えた」（33・3％）と回答した商店街が、「減った」（11・2％）と回答した商店街を22・1ポイント上回っています。

空き店舗が埋まらない理由として「地主や家主など貸し手側の都合によるもの」では、「店舗の老朽化（35・2％）」、「所有者に貸す意思がない（34・8％）」、「家賃の折り合いがつかない（29・2％）」の順に多くなっています。

空き店舗が埋まらない理由「テナントなど借り手側の都合によるもの」については、「家賃の折り合いがつかない（38・1％）」、「商店街に活気・魅力がない（29・7％）」、「店舗の老朽化（9・5％）」の順に多くなっています。

なお、空き店舗の今後の見通しは、「増加する」と回答した商店街が全体の49・9％を占めています。

続いて廃業の状況です。最近3年間に廃業した店舗数は、「0店」と回答した商店街が11・3％とあるものの、1店以上の廃業数は、「2店（17・1％）」、「3店（16・2％）」、「1店（14・8％）」の順に多くなっており、1店から3店までで全体の48・2％を占めています（図表1－8）。

廃業理由は、「商店主の高齢化・後継者の不在」が68・1％を占めており、続いて「同業種との競合」が22・7％、「商店街に活気がない」が13・0％、「他の地域への移転」が9・2％となっています（図表1－9）。

図表1－6　1商店街あたりの空き店舗の平均店舗数及び平均空き店舗率の推移

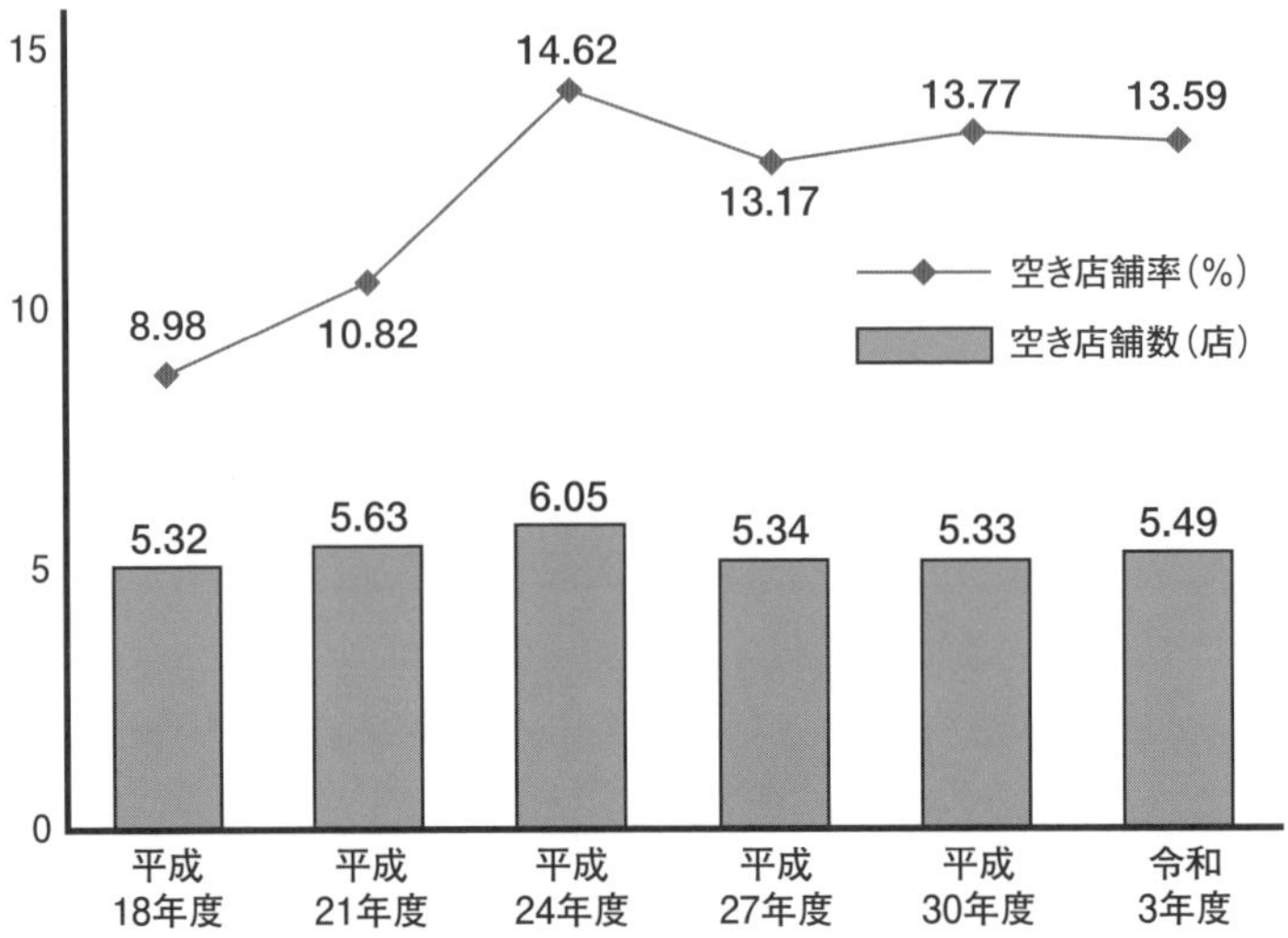

図表1－7　空き店舗率ごとの商店街数の分布

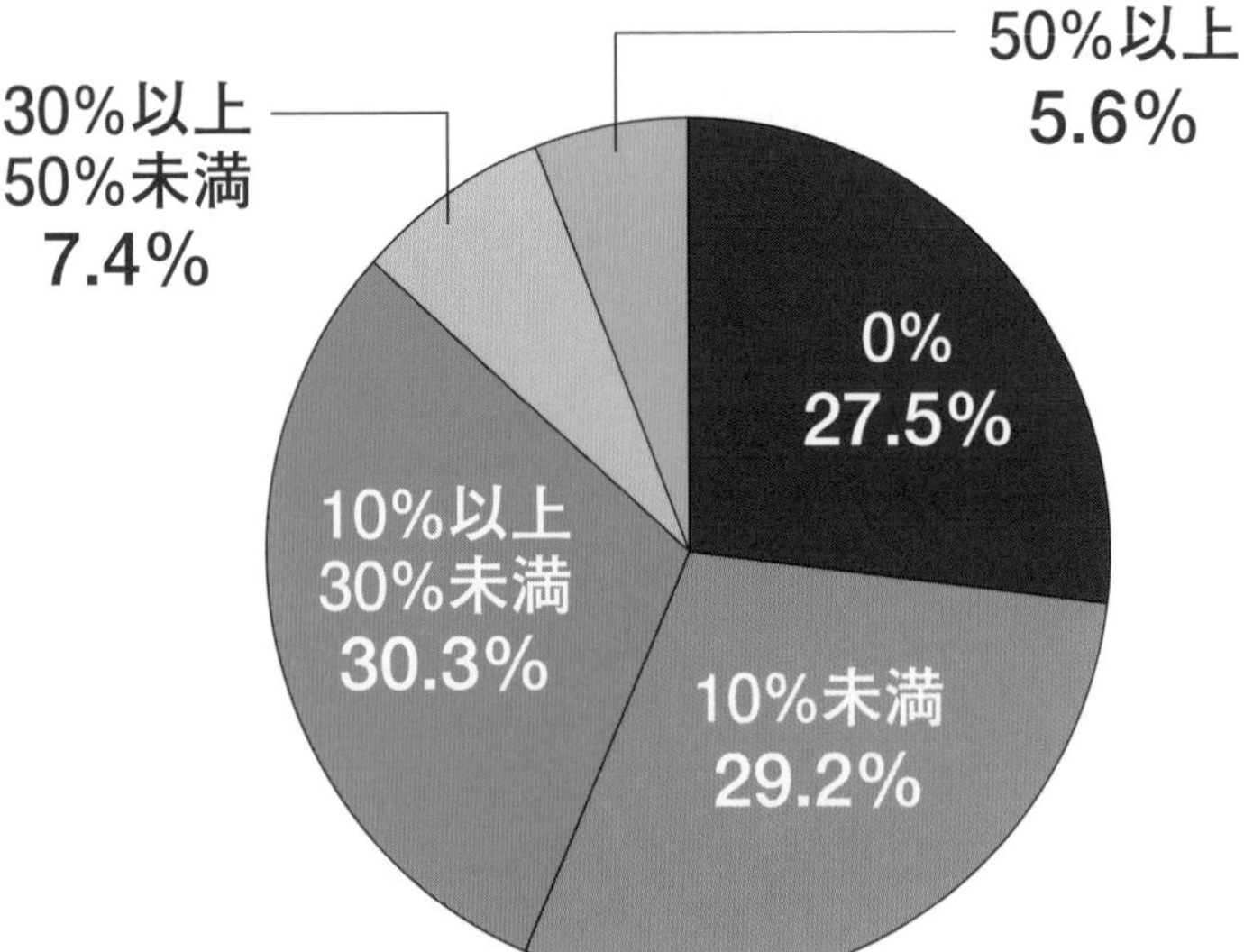

図表1－8　過去3年間に退店（廃業）した店舗数

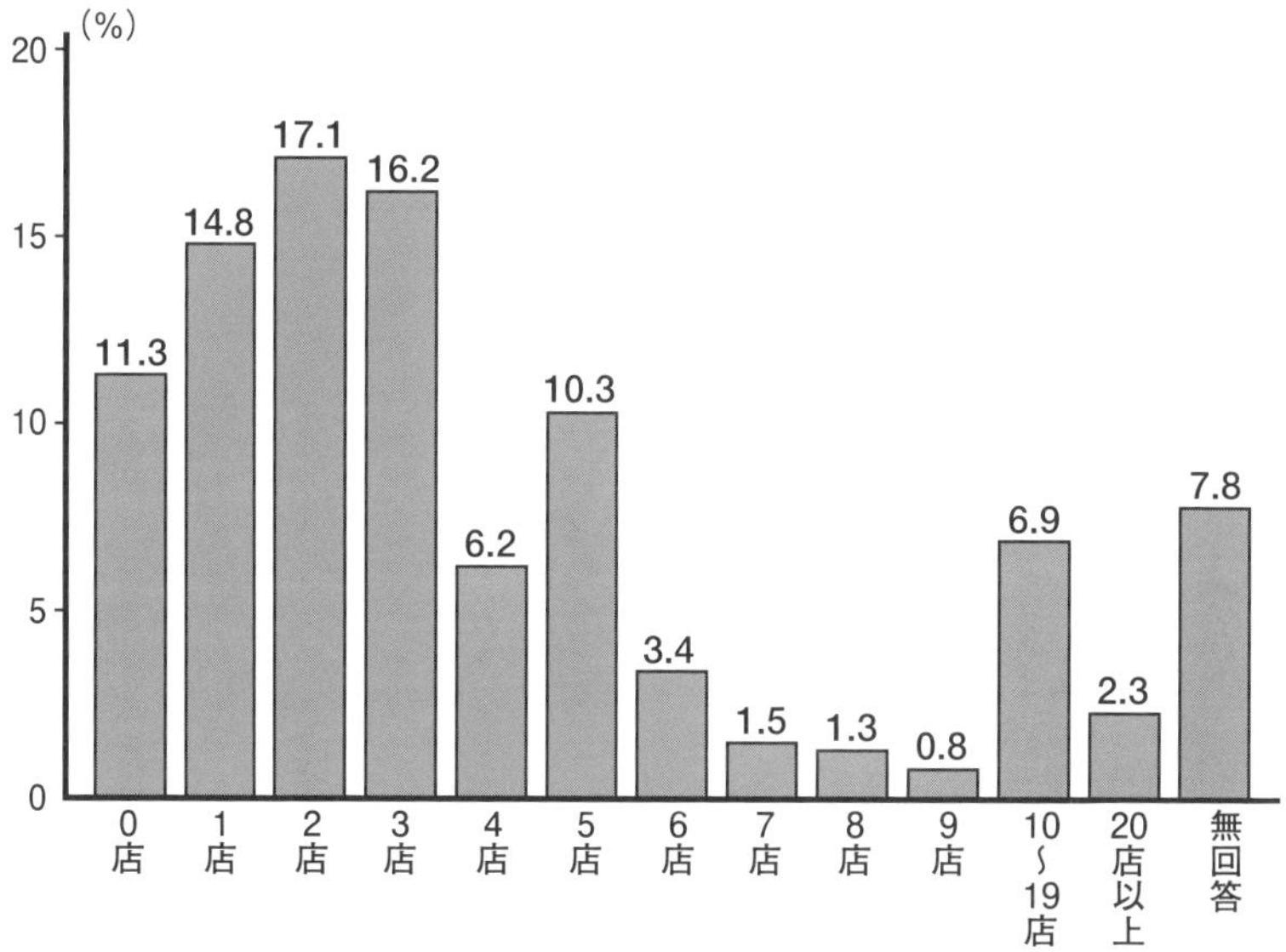

図表1－9　退店(廃業)した理由（複数回答：2つまで）

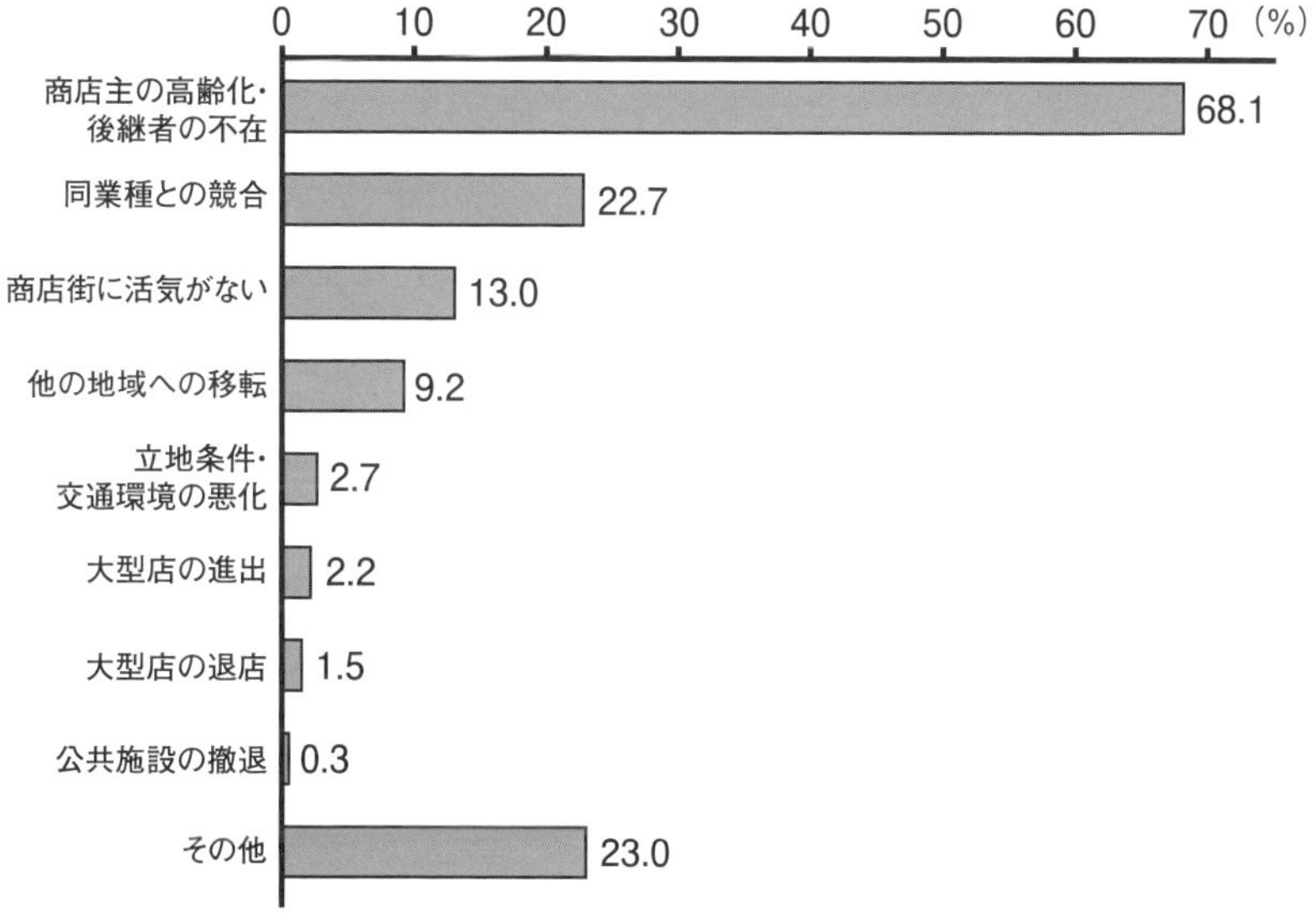

出典：「令和３年版　商店街実態調査報告書　概要版」（中小企業庁）

空き家だけでなく、農地も余っている

増えているのは空き家だけではありません。農地も同様です。農家の高齢化や後継者不足により、農作物が育てられなくなった土地が長期間放置される「耕作放棄地」もまた問題となっています。具体的には、こんなイメージです。

おじいさん、おばあさんは農家だったものの、「肉体的に厳しい労働にもかかわらず、天候に左右され家計も安定しない生活を子どもにはさせたくない」と考えています。その結果、子どもは進学・就職して、都会で家庭を持ち独立します。

やがて、おじいさんとおばあさんが亡くなり、畑はそのまま放置されて耕作放棄地になってしまいます。

こうした農地は、ほかにも「遊休農地」「荒廃農地」という呼び方もあります。農林水産省のサイトでは次のように説明されています。

・耕作放棄地
5年に一度調査が行われる「農林業センサス」で定義されている用語。以前に耕作していた土地で、過去1年以上作物を作付け（栽培）せず、この数年の間に再び作付け

（栽培）する意思のない土地

・遊休農地
農地法において、「農地であって、現に耕作の目的に供されておらず、かつ、引き続き耕作の目的に供されないと見込まれるもの」と定義されている法令用語

・荒廃農地
農林水産省「荒廃農地の発生・解消状況に関する調査」において、「現に耕作されておらず、耕作の放棄により荒廃し、通常の農作業では作物の栽培が客観的に不可能となっている農地

２０２３年３月に公表された農林水産省「荒廃農地の現状と対策」によると、日本の食料・農業・農村を取り巻く状況について、次のように解説されています。

・農業就業者の5割以上を占める60歳以上の世代が高齢化等によりリタイアし、農地などの経営資源や農業技術が適切に継承されず、農業の生産基盤が一層ぜい弱化することが危惧
・高齢化が進む中、山間地域を中心に農村人口も減少し、農業生産のみならず地域コミュニティの維持が困難になると懸念

・大規模自然災害の度重なる発生、豚熱などの家畜疾病の発生に加えて、地球温暖化の進行などによる農業生産への影響も懸念

急速に発展するデジタル技術の農業分野への応用、ライフスタイルの変化や海外マーケットの拡大、ＳＤＧｓを契機とした持続可能な農業の展開など、国内外の社会・経済の変化に対応することが求められている、と結ばれています。

いずれにしても放置された畑は荒れ果て、また元の畑に戻すためには、土地の状態や環境、植物の種類や栽培方法によって異なりますが、最低でも1年、場合によっては数年かかります。

一方、数は多くないものの、新規就農を考える人もいます。しかし、新規就農者が農地を手に入れるためには高いハードルがあります。

なぜなら、田んぼや畑などの農地の売買は「農地法」によって規制されているからです。農地は原則、農業従事者（耕作者）でなければ買えません。農家が後を継ぐのであれば簡単ですが、そうでない新規就農の場合は、農地法に定められた要件を満たして農業委員会へ許可申請する必要があります。

図表1－10　基幹的農業従事者の年齢構成の推移

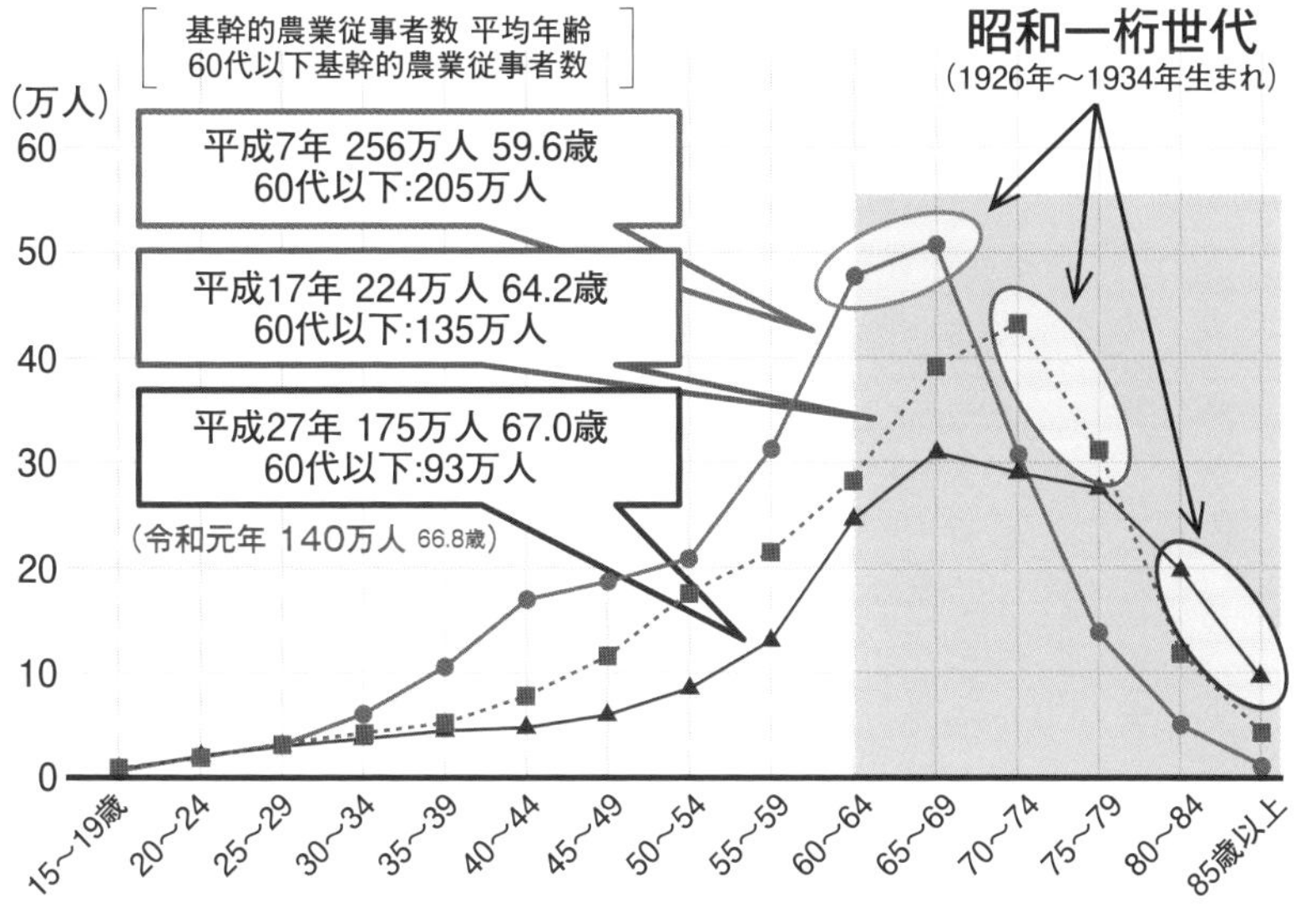

出典：「荒廃農地の現状と対策」（農林水産省）

延長された「生産緑地制度」

都会にある畑などの農地を「生産緑地」として指定する生産緑地制度は、生産緑地法に基づき1992年に始まった制度です。

「生産緑地」に指定されると、30年間農地や緑地として維持することを条件に、固定資産税が大幅に軽減され、相続税の納税猶予制度も適用されます。

三大都市圏にある市街化区域内の農地は、約半数が生産緑地です。この生産緑地の指定は30年間と定められており、その8割が生産緑地制度の終了により、指定が解除される予定でした。

指定解除となれば、これまでの税の軽減措置がなくなるため、大量の土地が宅地として供給されることを懸念して「生産緑地2022年問題」と呼ばれていました。

この2022年問題を避けるために特定生産緑地制度ができて、30年が経過して指定が解除される生産緑地を、さらに10年間生産緑地として延長できました。

現在、生産緑地地区に適用している税制などの優遇措置が継続されることとなり、引き続き農地として存続しやすくなります。

多くの都市農家は、生産緑地の恩恵を継続して受けようと特定生産緑地の指定を受けたのですが、これもまた期間限定で問題の先送りをしているだけです。

ゆくゆくは生産緑地が宅地に変わり、新たに分譲マンションや住宅が過剰に建築される可能性があります。

家（＝住民）が増えれば、保育園や学校を新たに建てる必要もあるでしょう。人が減って廃校や統合するような時代に、別の場所では新校舎を建てるのは行政にとって大きな負担となります。

行政も近隣住民も「生産緑地のままにしておきたい！」が本音でしょう。宅地が大量供給されれば土地の価値が落ちるリスクもありますし、緑が減って景観が損なわれるかもしれません。

また、大規模マンションが建ったら、待機児童問題も生じる可能性があります。なかには分譲用のマンションやマイホームはよくても、入退去の激しいアパートが住宅街にできることを嫌がる人もいるでしょう。

2015年「空家等対策特別措置法」制定

年々増加する空き家は、放置されて建物もボロボロ、草が生い茂っているケースも少なくありません。

これらの空き家は都市部や地方部を問わず、地域の景観や住民の生活環境に悪影響を与える可能性があります。防犯上の問題や火災などの危険性も高く、周辺の住民にとっても不安を与えるため適切な管理が必要です。

それには自治体や不動産会社が空き家の管理・再生に取り組むことで、地域活性化や住宅不足の解消にもつながります。

そこで、２０１５年に「空家等対策特別措置法」が制定されました。この法律は、空き家が放置されることで発生する、さまざまなトラブルを解消したうえで、空き家の活用や処分を後押しするために作られました。

「空家対策特別措置法」は、行政が「特定空家等」と認定された空き家の所有者に対して、修繕または撤去の指導・勧告・命令ができます。

なお、「特定空家等」は次のように定義されています。

・そのまま放置すれば倒壊等著しく保安上危険となるおそれのある状態
・著しく衛生上有害となるおそれのある状態
・適切な管理が行われていないことにより著しく景観を損なっている状態
・その他周辺の生活環境の保全を図るために放置することが不適切である状態

つまり、前項にある「その他の空き家」が放置されて、倒壊の恐れのある危険な空き家となり、注意勧告を受けても無視し続ければ、最終的には行政代執行の対象となります。言い換えれば「老朽化した空き家の強制取り壊し」です。

本来、行政代執行の解体費用は税金と同様、行政が強制的に徴収することが認められているため、所有者は解体費用の支払いから逃れられません。

しかし、所有者不明の不動産に関しては、請求できる所有者がいないため、行政の負担になってしまいます。こうした空き家が多数あれば財政が圧迫され、その地域に住んでいる人たちにも悪影響を与えます。

図表1－11　「特定空家等」に対する措置の流れ

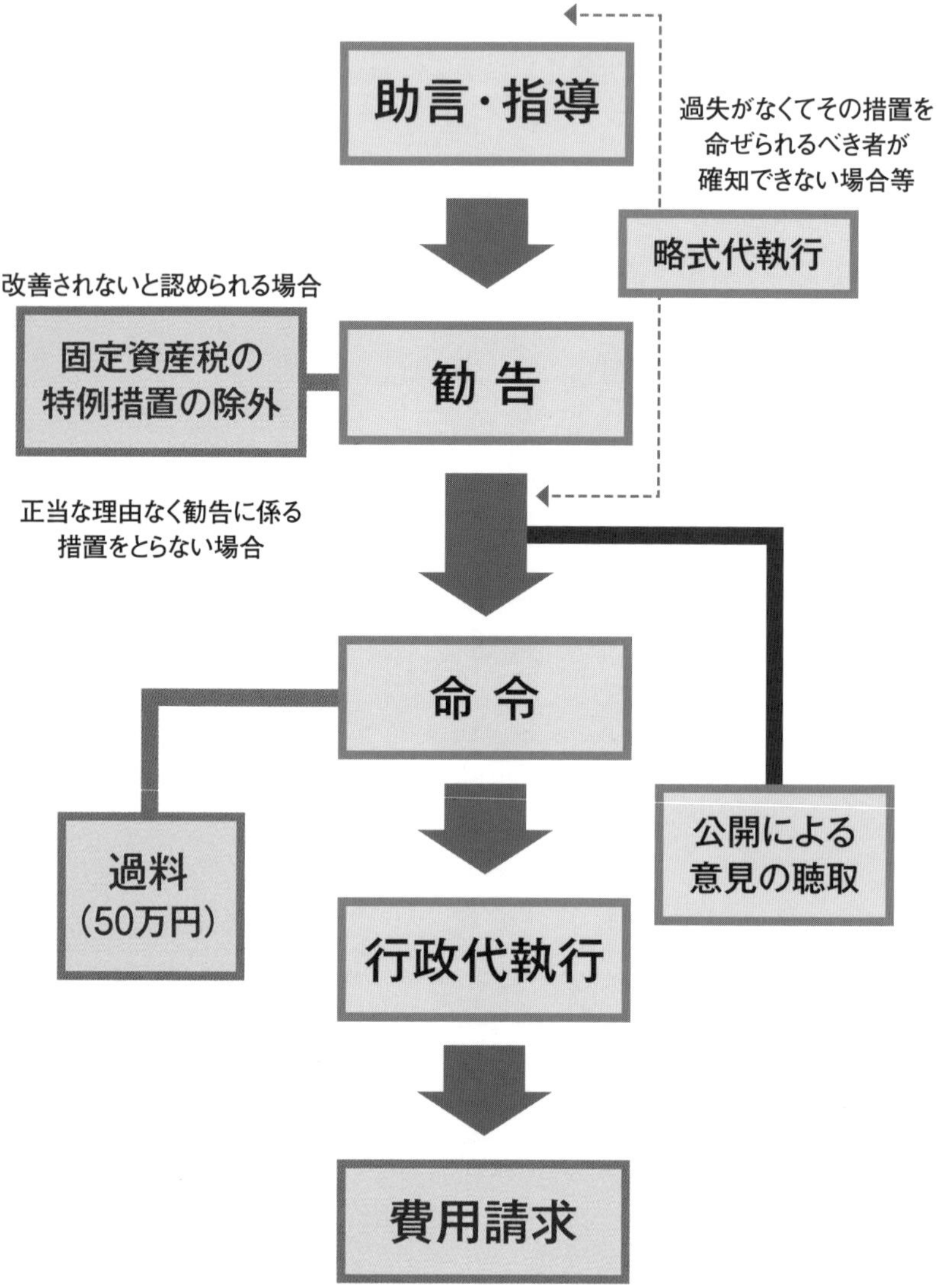

空き家バンクの制度と壁

地方自治体も空き家に対して問題意識を持っており、「空き家バンク制度」を整備しています。

「売却、もしくは賃貸したい」という空き家所有者からの登録を募り、その情報を空き家バンクのホームページに公開し、空き家の利用を希望する方に紹介する仕組みです。

しかし、空き家バンクは名称や基本の仕組みは全国共通ですが、サイトの仕様や運用ルールは自治体により全く異なります。

そもそも「その空き家に住民票を移して住む」のが大前提となり、セカンドハウスや事業目的としての利用は難しいケースがほとんどです。

UターンやIターンに対する自治体の助成についても「5年間は住み続けなければならない」といったルールがありハードルは高いです。

この令和の時代、コロナ禍を経て二拠点生活やワーケーションなどが認知されているにもかかわらず、「その町に住み続けなくてはいけない」という条件は、そぐわないように思えます。

たとえば「数カ月（あるいは半年・1年）のお試し移住」や、「期間内なら週末だけ利用可」「事業目的も可」など柔軟な施策があれば、空き家を活用したい人はもっと増えるのではないでしょうか。

なかにはハードルを低くしている地方自治体もあるようですが、一般的に地方の自治体は保守的で空き家バンクを有効活用できているようには見えません。

田舎暮らしに対するニーズは非常に多くあるものの、空き家バンクがうまく機能していないのはとても残念です。

インターネットで、どこにいても日本全国の空き家バンクにアクセスできるにもかかわらず、非常に閉塞的な印象を受けます。

結果として、空き家バンクに登録したのに何の問い合わせもなく、そのまま空き家が放置されている現実があります。

図表1－12　空き家バンクの仕組み

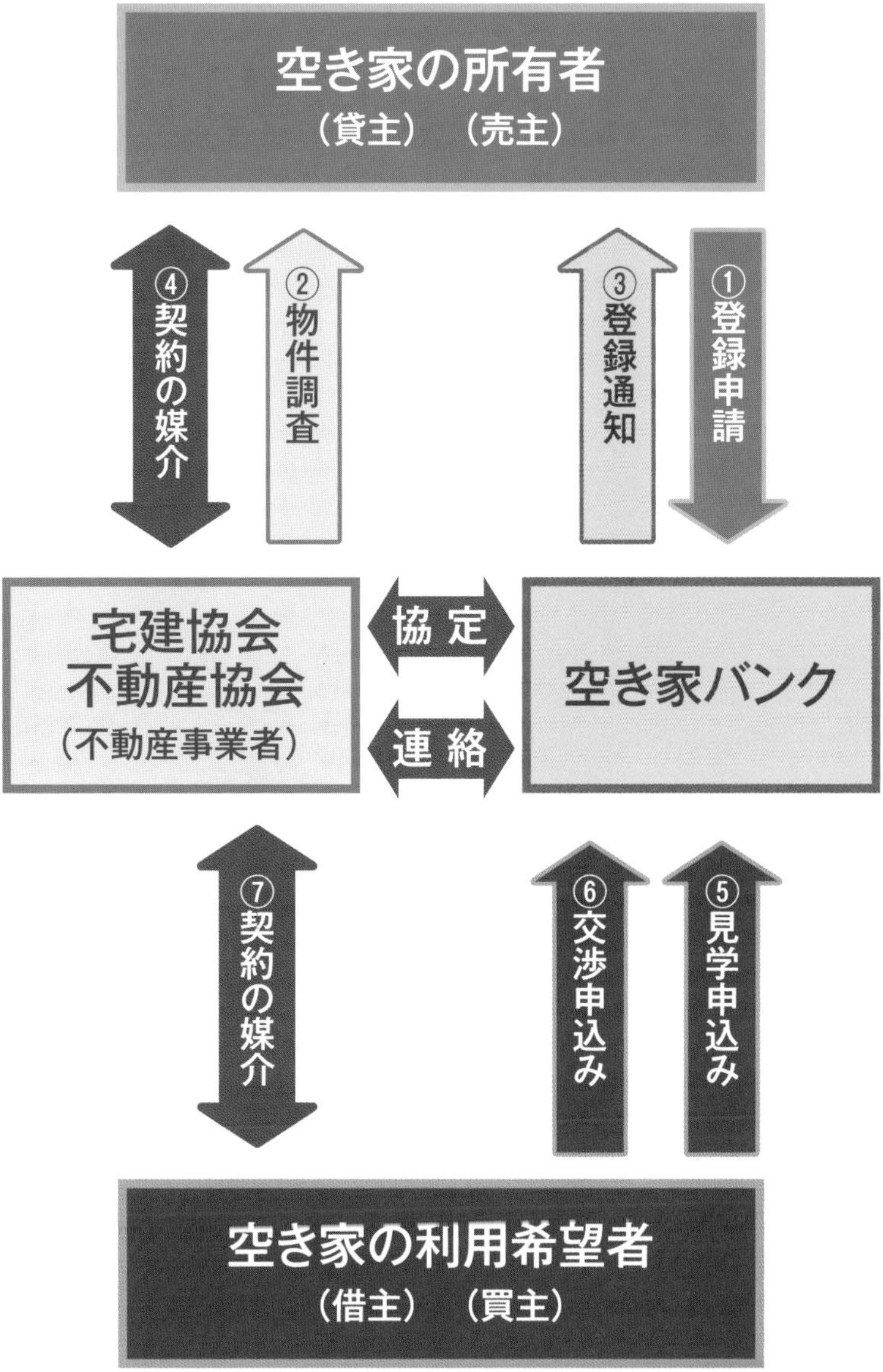

民間の空き家バンク

最近、民間でも「空き家バンク」のような取り組みが出てきました。たとえば、「みんな0円物件」です。そもそも数少ない流通されている空き家は、どのように取引されているのでしょうか。

もっとも一般的なのは、SUMO、アットホーム、ライフルホームズなど不動産情報のポータルサイトに対し、街の不動産会社が登録して物件情報を出します。ユーザーはサイトにアクセスして、エリア・間取り・広さ・築年数などの検索条件を入れると情報が出てきます。

次に、「空き家バンク」が挙げられますが、前述したように利用のハードルが高いため、民間のサービスもいくつか出てきています。

○ジモティー

「ジモティー」は、その地域に特化した情報の無料掲示板です。不要となった家具や自転車、衣服など実にさまざまな商品やサービスの売り買いが行われています。その中に、不動産情報も入っています。入居者募集もあれば、売家もあります。

ただ、不動産会社ではなく個人による売買だと、うまく進まずトラブルに発展する恐れもあります。

○みんなの0円物件

「みんなの0円物件」は、「不動産を無料であげます」がコンセプトの情報サイトです。サイトの手数料・仲介手数料・掲載手数料は無料ですが、追加費用を払うことでサポートしてもらえるプランもあります。

その代わり、不動産の普通の販売と一緒なので、登記費用や不動産所得税などの諸経費が発生します。また、成約時には所有権移転登記として16万5000円かかります。

○家市場

「家市場」は無料ではなく、売り手と買い手が直接つながれる「不動産のマッチングサイト」です。売り手は物件情報を出しておき、興味を持った人からアクションが届きます。契約の段階になると、運営元の不動産会社が仲介として入ります。仲介手数料は通常の不動産取引の半額ですが、売り手・買い手の双方にシステム利用料が発生します。

一般的な不動産仲介と違うところは、途中までは当事者同士で直接やりとりできる仕組みです。

ちなみに、「ジモティー」は業者が仲介に入った一般的な取引もあれば、個人間売買もあります。不動産仲介手数料は「売買価格の3％＋6万円」ですが、４００万円以下の場合は3％が4％に、２００万円以下の場合は5％になります。どれだけ安い物件であっても、18万円ほどかかるというルールです。

こうした民間サービスの多様化が進んだことにより、個人間売買も増えています。個人間売買とは、買主と売主が直接売買する取引のこと。「ジモティー」や「みんなの0円物件」が当てはまります。不動産会社へ仲介手数料が発生しないことがメリットです。ただし、登記費用や不動産所得税は従来どおりかかります。

直接取引の場合、仲介取引よりもトラブルが起きやすいのがデメリットです。「引き渡しのあと、確認したら人が住んでいた！」と裁判になった事例もあります。

このように多少の進展はあれど空き家をはじめ、使われていない不動産の利活用には課題が山積みです。

しかし、独自の価値観、生き方、ビジネスへの考え方により、不動産活用に取り組む動きも全国で増えています。次章より具体的な事例を紹介します。

みんなの０円物件　https://zero.estate/

家いちば　https://ieichiba.com/

ジモティー　https://jmty.jp/

WINERY

第2章

コミュニティと空き家の利活用

元学生寮シェアハウス運営と狩猟・農業で憧れの自給自足を実現

石松夫妻

自給自足の生活に憧れて猟師免許を取得

ケイコ「夫とともに不動産賃貸業を行っており、現在はアパートやマンションなど55室の収益不動産を所有しています。夫は元会社員で今は猟師をしており、私は主婦をしていましたが、今は農家になりました」

山岸「会社員から猟師とは、思い切った転身ですね。きっかけは？」

石松夫「自給自足への憧れです。夢を実現するためには経済基盤が必要です。会社を辞めることを目標に収益不動産を年1棟ペースでこつこつと購入していましたが、10年目にまとめて購入できて、目標の50室を達成したので会社を辞めて猟師になりました。不動産賃貸業のメインは集合住宅の再生ですが、新築、戸建賃貸、シェアハウスを2棟運営しています」

山岸「猟師になるために不動産賃貸業を進めたのですね。なぜ猟師を目指したのですか？」

石松夫「もともとは釣りが好きで、その延長です。あとBBQや肉料理が好きで。〝イノシシ肉や鹿肉、熊肉などジビエ（狩猟で捕獲した野生鳥獣の肉や料理）を販売するための解体施設を建てる〟という、クラウドファンディングがありまして、支援するとイノシシ解体の体験ができるということで家族で参加しました。それ以来、セミリタイアしたら猟師になろうと決めて、収益不動産を増やすことにがんばりました」

ケイコ「その後、夫は猟師を目指して狩猟免許を取りました。夫はもともと医療関係の仕事をしていたので骨格や内臓、筋肉など身体の構造に詳しく、イノシシを解体するときに役立っています。

罠（わな）免許を持っているので、今は市内の檻（おり）をいくつか管理してイノシシを獲っています。数年前に私も狩猟免許を取得しました」

山岸「檻の管理とはどういう業務ですか？」

石松夫「まず、狩猟免許が必要で、狩猟免許所持者は有害鳥獣捕獲隊に登録します。すると、先輩に〝ここの檻を管理してください〟と依頼されます。檻は狩猟期間以外も、田畑などを荒らす有害鳥獣を駆除するために1年を通して管理します。

猟師の平均年齢も60歳を超えて高齢化が進み、檻の管理をするのが手間になっているので登録して動ける人から順番にという感じです」

ケイコ「私たちは40代半ばですが、それでも若手なんです」

石松夫「そんな経緯で会社員から猟師になって5年以上が経ちます」

図表2－1

目標とするライフスタイル

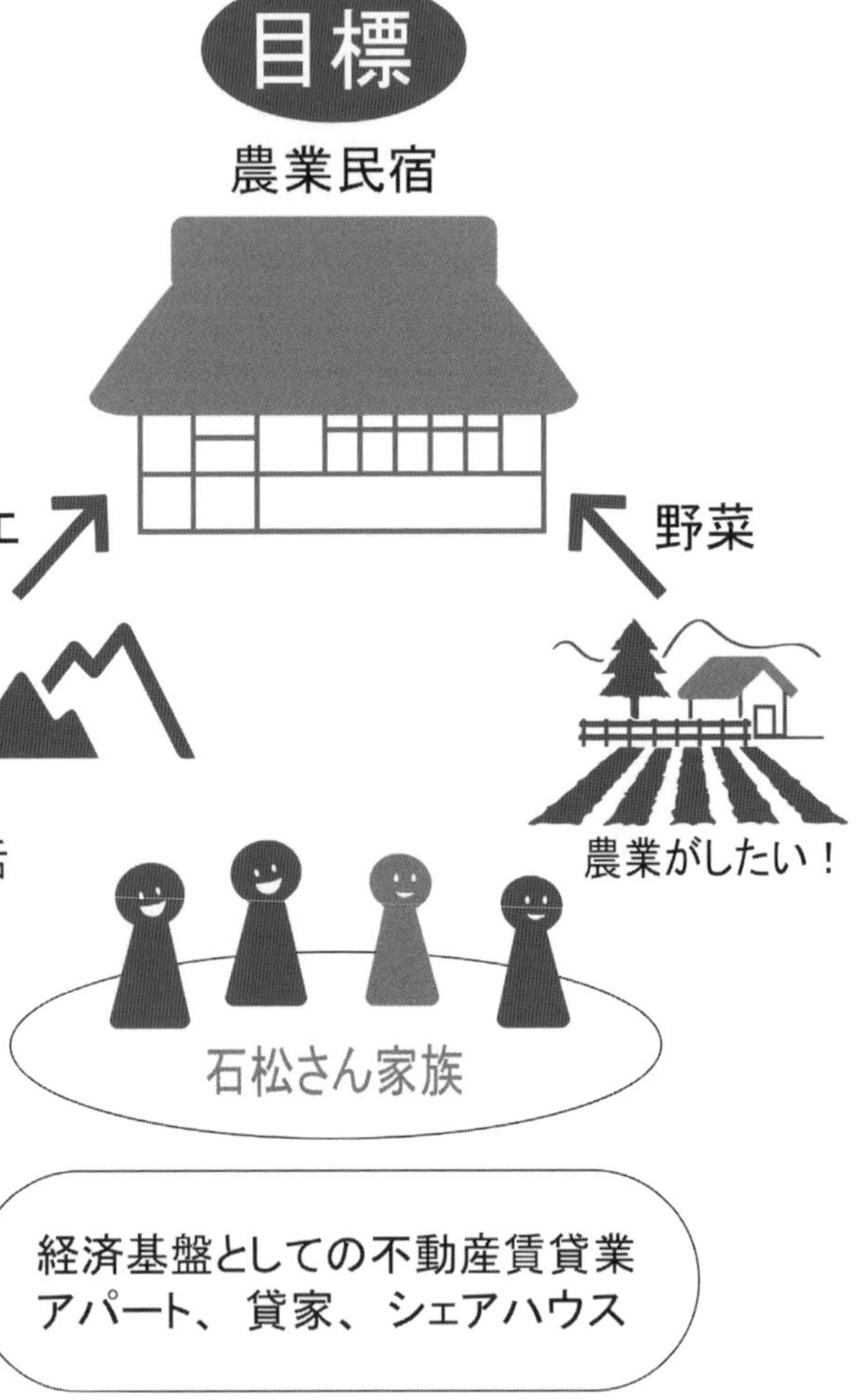

旧学生寮から自宅兼シェアハウスをオープン

山岸「まずはシェアハウスについてお聞かせください。東京や大阪など都市圏のニーズはわかりますが、地方でもシェアハウスのニーズがあるのですか？」

ケイコ「コロナ前で10軒ほどありました。うちは2軒のシェアハウスを運営しています。自宅のシェアハウスと古民家のシェアハウスです」

山岸「都市圏では一人暮らしのアパートの家賃が高いです。地方の場合はそこまで高くないですよね？」

ケイコ「そうですね。シェアハウスといっても、普通のアパートの家賃とほぼ変わりません。ですからコミュニティに魅力を感じる層が対象です。

一人暮らしだと寂しい、友だちがほしいといった人が入居します。入居者さん同士のつながりを促す場をつくるのがオーナーの役割です」

山岸「なるほど。ところで、なぜ自宅でシェアハウスを？」

ケイコ「自宅用に購入した家が元学生寮だったのです。私たちは1階部分に住んでおり、2階と3階がシェアハウスになっています。もともとは寮母さん家族が1階に住み、上に住んでいる11人の寮生たちに朝と晩、食事を作っていたそうです。

今は7人定員の女性専用シェアハウスに改修しています。玄関や水回りなどは私たち家族と別にしており、私がたまに様子を見に行く程度で、掃

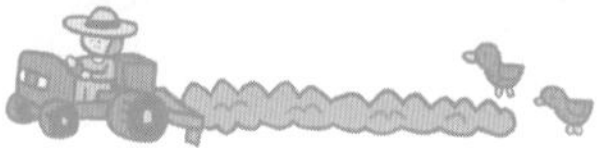

除などは入居者がしてくれています」

山岸「もともと賃貸併用住宅の物件だったということですね」

ケイコ「それから4年ほど前に、市の中心部にある古民家のシェアハウスを買いました。その前は女性オーナーが子育てをしながらシェアハウスを5年間運営されていました。オーナーチェンジで私たちが購入したのです」

山岸「どんな方が住んでいるのですか？」

ケイコ「20～30代の社会人です。女性専用のシェアハウスは半分以上が学生さんです。入居サイクルはシェアハウスにしては長く、1～2年住む人が多いです」

山岸「円滑なコミュニティを成立させるために、入居者選びのコツはありますか？」

石松夫「最初の問い合わせメールの段階からスムーズにやりとりができない人は、その時点で外しています。問い合わせ段階からあれこれ細かく聞いてくる人は、あとでトラブルになりやすい傾向がありますね」

山岸「神経質な人は向かない？」

ケイコ「そうです。それは最初の問い合わせ段階できちんと伝えています。〝普通の家と同じだから、隣の部屋の物音も聞こえますよ〟と説明をしています」

山岸「場の提供としてイベントなどを行っていま

すか？」

ケイコ「イベント開催に対して補助金を渡すルールがありまして、イベントをしてSNSに写真を投稿してくれたら人数×1000円の補助金を渡しています。自宅の上は7部屋あるので、全員が参加したら7000円です」

山岸「盛り上がっている様子がSNSに出ていることでイメージアップになるのですね！」

ケイコ「はい。以前は月1回くらいでイベントを行っていたのですが、コロナ禍ではそれも難しくなりお休みしていました。収まってきたので、また交流が復活しています」

山岸「コロナの影響はかなり受けましたか？」

図表2－2

旧学生寮から自宅兼シェアハウスの転用

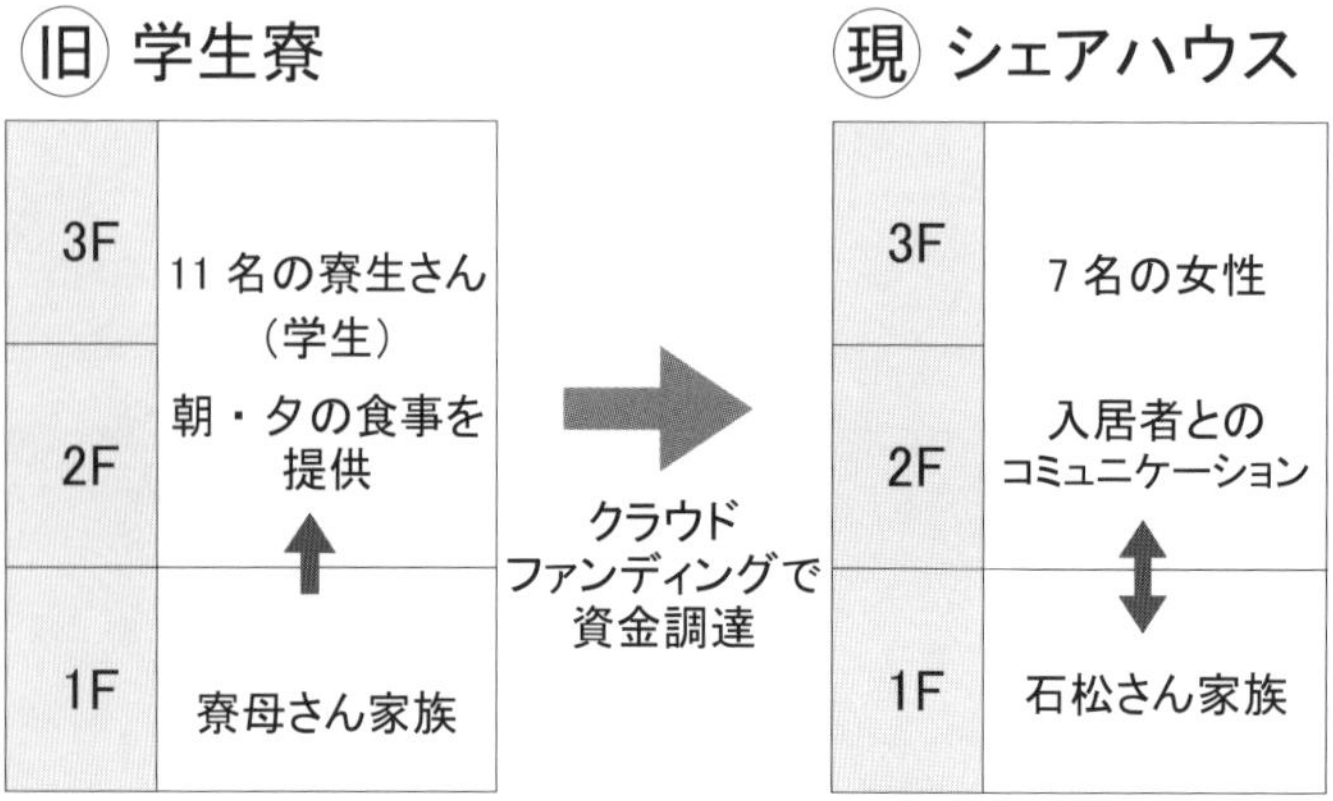

図表2－3

入居者選びのコツ

・人と人とのつながりを促す場つくり
・問い合せメールなどやりとりがかみあわない人はNG
・今から内見したい、早く住みたい
　急ぎの人は ×
　　（住んでいる人もいるので他の人のことを
　　　考えられない人は共同生活に向かない）
・神経質な人を避ける（詳細すぎる問い合わせなど）

入居者とのコミュニケーション例

・月 1 回イベント（コロナ時期は中止）
・補助金制度　参加人数 ×1,000 円（入居者同士の交流）

ケイコ「どちらのシェアハウスもずっと満室だったものの、空室が続き影響を受けました。問い合わせが激減して市内のシェアハウスの数も減りました」

クラウドファンディングでリフォーム資金を調達

山岸「シェアハウスのオープンにあたり、クラウドファンディングに挑戦されたそうですが?」

石松夫「はい。自宅の元学生寮を活用してシェアハウスをしたいと思っていたものの、資金が足りなくて2年くらい放置していました」

ケイコ「お金もかかるしどうしようか、ＤＩＹでもやろうかなと悩んでいたら、先輩大家さんから〝シェアハウスとクラウドファンディングは相性が良いのでは〟とアドバイスを受けたのがきっかけです。

自宅でシェアハウスをする計画を話すと〝オープンしたら見学したい〟という友人も多くて。支援してもらったリターンで、物件近くの商店街のカフェやカレー屋さんで使えるチケット付きの内覧会を行いました」

山岸「成功されましたか?」

ケイコ「１５０人以上の方にご支援いただけまして、希望金額50万円のところ、１００万円近くも集まりましたね。私も真剣になって毎日文章を更新しましたし、告知のため知人にメールを送りました。支援者は知り合いが中心ですが、シェアハウスに興味があって来てくださった人、大家業をしている人など、面識のない方にもかなり来ていただけて助かりました。やはり自分から動くことの大切さを学びました」

山岸「準備期間はどれくらいでした？」

ケイコ「1週間くらいで短く、クラウドファンディングの期間は1カ月程度です。正直、行き当たりばったりで毎日すごく大変でした。ただ、クラファンをしたことで友だちも増えました。

それと良かったのは、自分のシェアハウスのホームページがあるのですが、そこに紐付けていたので閲覧数が上がり、検索すると上位に表示されるようになりました。広告料を払わなくても検索結果が良いのはありがたいです」

山岸「物件の周知にも役立ったのですね！」

夫婦で猟師に！

山岸「市街地にお住まいで会社勤めをされていたところから、自給自足の生活を実現するのはなかなかできない目標だと思います」

ケイコ「いろいろ模索していまして、以前、二人ともそれぞれ林業、農業の研修施設に通っていたこともありました」

石松夫「職業訓練まではいかないですが、林業について簡単な研修を通して、林業にかかわる人材を育てる研修施設です」

山岸「なぜ、そこに通うことにしたのですか？」

図表2－4

クラウドファンディングによるリフォーム資金調達

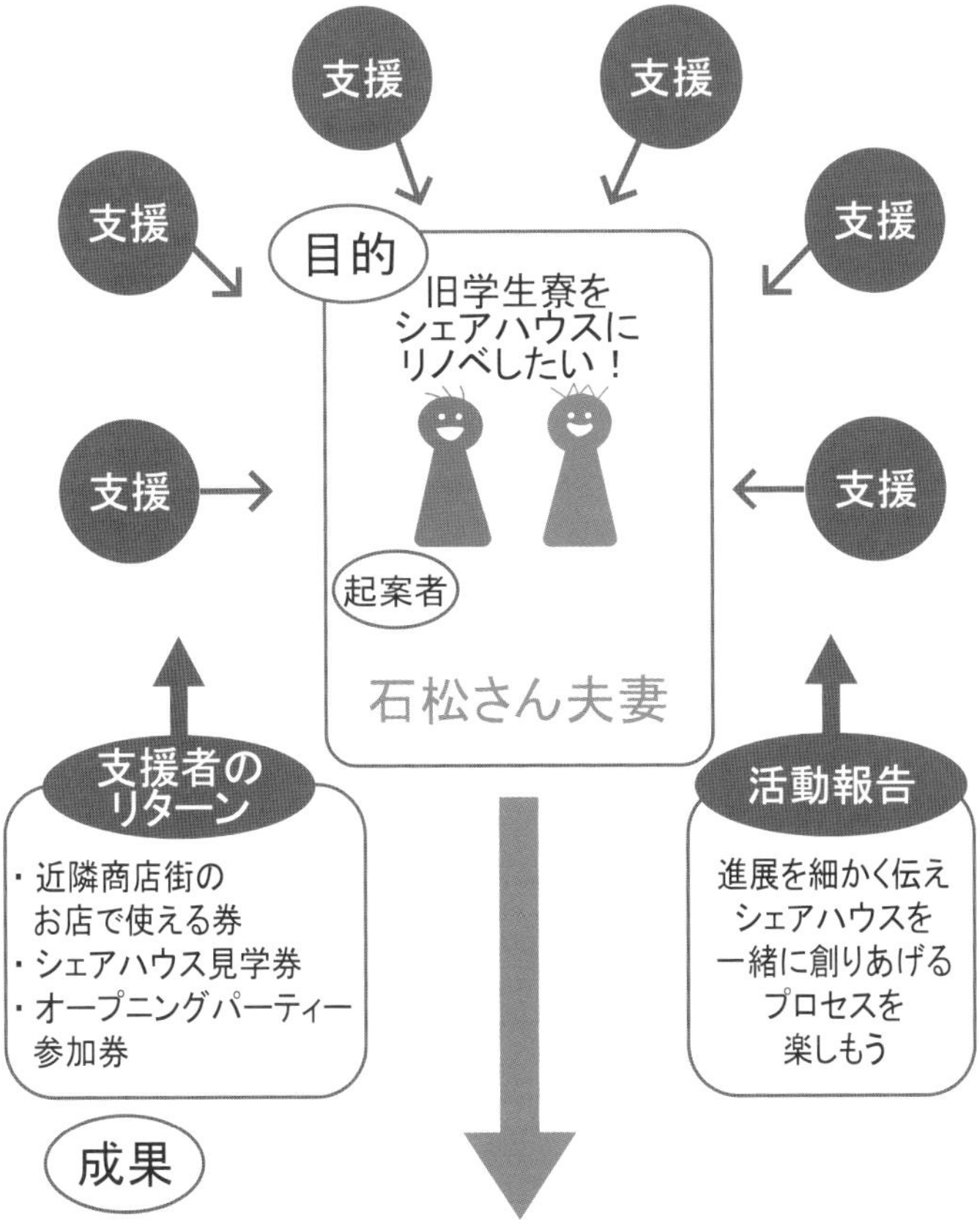

支援者 150 名以上　リフォーム資金 100 万円弱

石松夫「やはり、自分の山を持ちたい願望があったからです。山が手に入ったときに役立てれば良いかなと」

山岸「お二人とも長期的な視点で考えていますね。なぜ、このような生活スタイルを目指すことに?」

石松夫「仕事を辞めたかったのもありますが、それ以上に自分で狩猟をしてさばいて料理するのが好きだったからです。魚か獣かの違いだけで」

ケイコ「お互い食べることが好きなんです。とくにジビエは個体差や処理の仕方もありますが、クセもなく、とても美味しいです。

たとえば大きなベーコンをつくりたくなったら、自分でイノシシを捕まえれば塊肉が取れるので、それで自分好みの肉料理が自分でつくれます」

山岸「獲ってきてさばくなんて、普通の人にはなかなかできません」

石松夫「しかも、いつ獲れるかわからないし」

ケイコ「時間もかかり究極の道楽です。それだけで生計を立てるのは難しいので、やはり大家業と一緒にやっていくのが現実的です」

田んぼを借りて米作りに挑戦

山岸「最後に農業についてお聞かせください」

ケイコ「私たちが住んでいる家は市街地に近いですが、郊外にある築年数不詳の古民家を購入しま

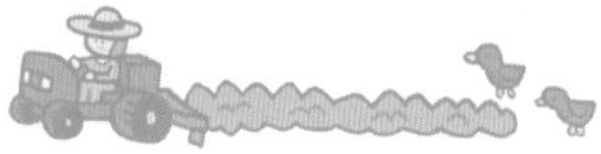

した。もともと市街化調整区域にある住居は〝賃貸に出してはいけない〟との決まりがあります。
　ところが私たちの住む市では、規制緩和で賃貸可能になったのです。その古民家は空室で購入して貸し出しています。そこを購入したご縁で、古民家の売主さんから田んぼと畑を借りることになりました」

山岸「元の持ち主さんはもう農業をされていないのですか？」

ケイコ「はい。昔はご家族で住んでいたのですがお子様二人とも独立され、住んでいたご両親も亡くなられて、もう手放したい……ということになったそうです」

山岸「その古民家は、どのような条件で購入できたのですか？」

ケイコ「この古民家の物件情報は特別なものではなく、普通に不動産屋さんのサイトに載っていましたね。そこまでお買い得とはいえない金額でしたが、ご縁をつなぎたい気持ちで購入しました。
　それというのも、以前から米作りや農業に興味があったから。売主さんからはトラクターや稲作の機械一式も貸してくださることになりました。

山岸「田んぼと畑は賃貸されているのですね？」

ケイコ「草刈りをするのも大変だし、〝無料でいいから借りてほしい〟とお話をいただきました。現在は農地法3条の契約を締結して、賃料をお支払いして借りています」

図表2－5

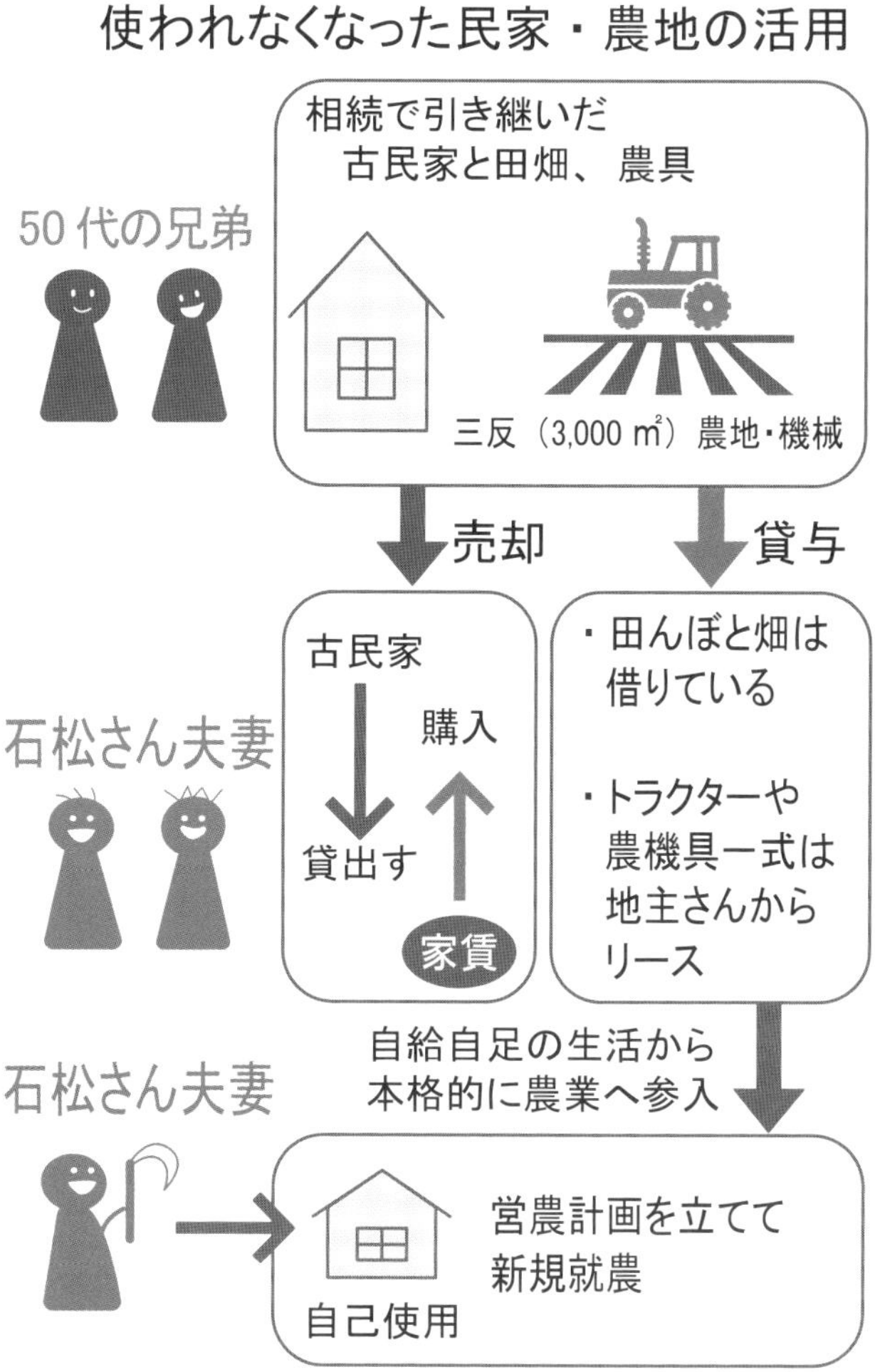
使われなくなった民家・農地の活用
相続で引き継いだ
古民家と田畑、農具
50代の兄弟
三反（3,000㎡）農地・機械
売却
貸与
石松さん夫妻
古民家
購入
貸出す
家賃
・田んぼと畑は
借りている
・トラクターや
農機具一式は
地主さんから
リース
自給自足の生活から
本格的に農業へ参入
石松さん夫妻
営農計画を立てて
新規就農
自己使用

山岸「ケイコさんは、もともと米作りの勉強されていたのですか？」

ケイコ「これまでは家庭菜園の範疇で、お友だちの田んぼや畑を手伝いに行き、本やインターネットで調べながらでした。自分だけでは行き詰まり、ノウハウを学ぼうと農業研修所に通うことにしました。10年間の営農計画を立てて本格的に農家になりました」

山岸「田んぼの広さはどれくらいですか？」

ケイコ「田んぼと畑を合わせて3000平米（30アール）程度、つまりおおよそ3反（たん）です。農地が広いから家庭菜園レベルではお金も手間も追いつかず、どうしたら効率が良いのか悩みました」

山岸「なるほど。それが本格的に農業を学ぶきっかけになったのですね。今後の展望としては、畑をもっと増やしていく予定ですか？」

ケイコ「はい。ご子息が遠方で暮らして農業を継いでいない人も多いですし、農家さんも高齢化しているので〝ウチの田んぼも借りてくれ〟とお願いされることがあります」

山岸「新たに農業を志しても、ケイコさんのように実現させている人は少ない印象を受けます。就農したくても畑を借りるのが難しいと聞きますが？」

ケイコ「畑を借りて数年経った今でこそ、お話をいただけますが最初は大変でした。私が古民家を買うときも、自己紹介を兼ねてオーナーさんに手紙を書いて、自分の想いを伝えました」

山岸「農業を本格的に取り組まれているということで、自給自足の生活の夢は実現しそうですね。その先の目標はありますか？」

ケイコ「今後の展開としては、農家民宿でしょうか。自分のつくった野菜をはじめ、ジビエを出したり、希望者は一緒にイノシシを解体したり、宿泊してもらって田舎体験をしてもらいたいです。最終的にはいろりを囲んで、日本昔話みたいなおばあさんになりたいです」

山岸「不動産からの家賃収入があったうえで、農業や狩猟など好きなことをしながら生活ができるのは理想的ですね！」

成功のヒント　石松夫妻

不動産を活用した経済基盤があるからこそ理想を実現できる

石松ご夫婦は、自分たちが理想とする「自給自足の生活」に向けて、古民家の再生をはじめ、農業や林業などの活動を続けています。お二人が描く生活スタイルは、人生が豊かに感じられます。一般的に、好きなように生きてみたいという理想を追求すると、経済的な壁にぶつかって行き詰まるケースが多いです。とくに農業を新規で始めて生計を立てるのは非常に難しいわけです。お二人の場合、自宅をシェアハウスにして利益が出るような仕組みにするなど、生活費を不動産賃貸業によって補っているのが特徴的です。それも10年かけて、丁寧な生活を送り、自分たちの生活の糧や営みを楽しむ姿、コツコツと築きあげるところが素敵です。

下町のお屋敷がコスプレイヤーの聖地に

「お花茶屋Labo」木村美穂氏

2018年「森谷邸プロジェクト」開始

木村「もとは普通のアパートオーナーでした。いわゆる大家さんですね。地主ではなくて会社員を兼業していました。

もう20年くらい前の話ですが、主人の仕事の都合で地元の金沢から東京へ引っ越すことになり、自分たちが住むつもりで買った家を人に貸したのがスタートです。

東京で暮らし始めると、地方の一戸建ての家賃と東京の小さなアパートの1部屋の家賃が一緒だという現実に驚きました」

山岸「転居がきっかけだったのですね」

木村「金沢の戸建ては10年弱所有した後に売却し、かなり利益が出ました。たまたまですが、底値で買っていたということです。

その売却資金で9年ほど前に、世田谷区でテラスハウスのボロアパートを買いました。小さい2戸1の物件ですが、〝戸建て2戸分の家賃がいただける！〟と知り、そこから不動産の勉強を本格的に始めました。その後もボロ戸建てや区分マン

ションを買っていき今に至ります」

山岸「取り組まれている森谷邸のプロジェクトにかかわった経緯を教えてください」

木村「2017年にご縁があって、2代目のオーナーさんからご実家のお屋敷のご相談をいただきました。

立派なお屋敷でしたが、亡くなった親御さんの遺されたものがたくさんありました。200平米の広い間取りがほぼ荷物で埋まっていたのです」

山岸「お屋敷は荒れていたのですか?」

木村「美しい日本庭園があり、多額のコストをかけて手入れをされていました。ただし室内は大量のモノで溢れていました。

残置物処理の業者に頼んだところ、200万円と言われたそうです。部屋の片づけをしたら好きに使って良いというお話をいただきました」

山岸「リフォームは必要でしたか？」

木村「いいえ、大丈夫でした。昭和後期のお屋敷で、当時、お父様が宮大工に頼み、3年の年月をかけて建築されたそうです。

材料をそろえるだけで1年以上もかかったということでした。すべて国産ですし通し柱などを運んで来るのも時間がかかります。また釘を1本も使っていません。正真正銘、宮大工の仕事です。

今建てたら億単位になると思いますね。古い邸宅ですが、お年寄りの方が住んでいたのでトイレも洋式でしたし、お風呂もすごく立派で、母屋の状態がとにかく良かったです」

山岸「まさに、昔ながらの日本のお屋敷ですね。残置物の片づけはどのように？」

木村「まずはゴミと売れるものに分けて、売れるものはフリーマーケットに出しました。収益は1回10万円くらいになりましたね。特に、昭和のデザインの食器はよく売れました」

山岸「片づけが終わった後に貸し出しを？」

木村「半年くらいかけて、いくつかの部屋を片付けたところで、まずレンタルスペースで運用を始めました。おそらく貸会議室か、ちょっとした撮影で使われるのだろうと予想していたら、映画やドラマの商業撮影で予約が入りました。

映画が1本決まると長く借りてくれますから収益が大きいです。森谷邸は広いお庭と建物を囲む

図表2－6

森谷邸活用に向けたプロセス

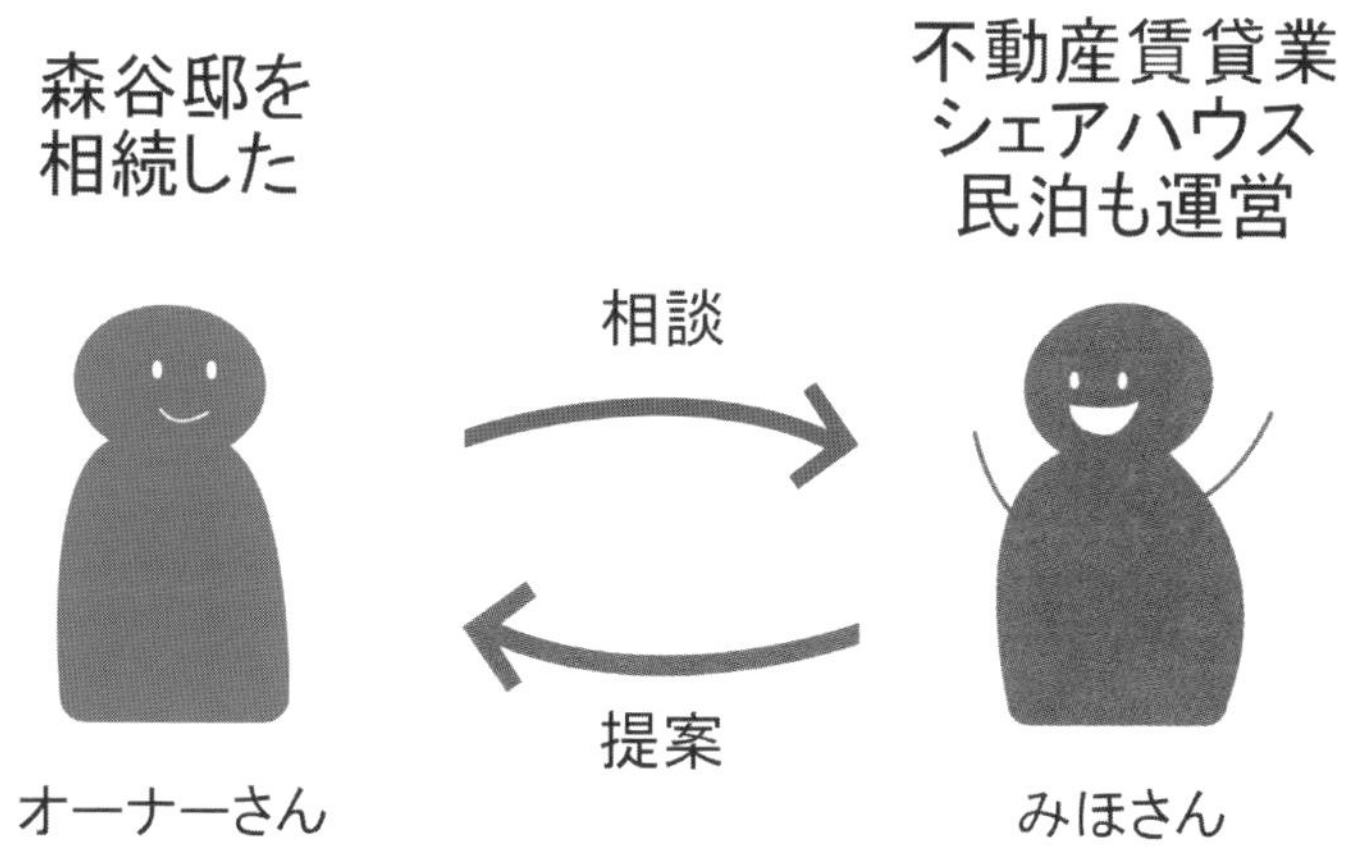

ように塀があるため、近所の目をあまり気にする必要がありません。しかも建物が複数あるため、別館をスタッフルームにして本館で撮影という分担もできて撮影に向いている物件ですね」

山岸「その後で旅館に？」

木村「はい。これだけのしつらえで京成線は成田空港からのアクセスも良いため、外国人旅行客のニーズを見越して旅館業も申請していました。これが2019年です。

　ところが、外国人はそのまま上野や渋谷、新宿といったネームバリューのあるエリアに行ってしまうんですよ。思ったよりインバウンドのお客様が少ないと感じていた、ちょうどそのとき、コスプレのニーズが増えまして……」

図表２－７

森谷邸活用の提案

森谷邸とは？

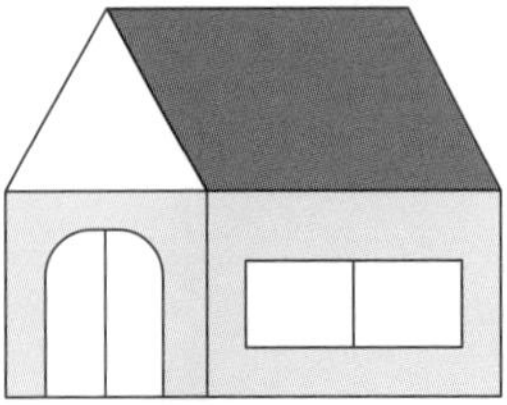

・昭和後期に宮大工が３年の月日をかけた木造平屋建物の住宅
・庭と建物が４つ・本館は 200 ㎡、9DK
・縁側付き
・敷地 1,000 ㎡の日本庭園と建物を囲う塀

用途　宿泊施設・レンタルスペース

2018 年
・外国人向宿泊施設 ➡ そこまでニーズがない
・映画・ドラマなど商業撮影

2020 年
・レンタルスペス➡コスプレイヤー向けの撮影場所

アフターコロナでは・・・コスプレ × 宿泊

コスプレ撮影会とSNSによる情報拡散

木村「収益性の良い商業撮影もあったのですが連日は入りません。ところが週末を中心にコスプレイヤーの女の子たちで撮影が埋まりだしたのです。〝#森谷邸〟と、ハッシュタグをつけてインスタグラムなどで拡散されました。そうやって森谷邸の名前が広まり、全国から女の子たちがキャリーバッグを持ってやって来ました」

山岸「全国から集まるのですね！」

木村「SNSの発信力は大きいと感じたのがそのときです。髪の毛が真っ赤だったり、カラーコンタクトを入れていたりと驚きの連続！　衣装について聞いてみたら、どうやら自分で全部作っているようなんです。話をしていくと、〝阪神の野球の試合、見に行ったことありますか？〟と質問されて、〝みんな同じ法被を着ていますよね？

私たちは大好きなキャラクターと同じ衣装を着て、キャラクターやアニメの話をするために集まっています〟と言われたのです。要は、阪神の法被（はっぴ）と同じ感覚なんですよ」

山岸「そのアニメのファンが自分たちの好きなキャラの格好をして、集まって写真を撮ったり、おしゃべりしたりしていますね」

木村「本当に可愛らしい人たちなんですよ。〝管理人さんもどうですか？〟とケーキのお裾分けをもらったので、〝今日は誰の誕生日なの？〟と聞いたらキャラクターの名前を言われたこともありました」

山岸「すごいコミュニティですね！」

木村「コスプレイヤーは全国から来て、上野のビジネスホテルなどに泊まっていると聞いたので、それなら前泊プランを思いついたのが２０２０年の初めです。

　地方からいらしていただく場合、上野あたりのビジネスホテルに泊まり、翌日に森谷邸へ集まってくるケースが多いです。それが前の日から泊まれば夜の撮影もできます。丸１日半、前日から貸し切って９万８０００円です（２０２３年現在）」

山岸「大勢で使われるので宿泊費と会場費を頭割りすればお得になりますね」

木村「彼女たちはメイクから始めるので撮影までに２時間はかかります。くわえて夜の撮影もできます」

山岸「いろいろなシチュエーションで撮りたいのですね」

木村「そのとおりです。それが泊まりならできます。先ほども言ったように、このあたりは周りから距離があるので、夜にみんなでワイワイやりながら撮影しても近隣にご迷惑はかかりません」

山岸「堀に囲まれているし、写真映えもしますね！」

木村「スモークだけは火事と間違えられるのでＮＧにしています。そんな形で、彼女たちのニーズを理解し、２０２０年に宿泊をスタートしたところへコロナが襲って来たのです。

しばらく、ご利用が減っていたのですが、コロナが明けてからはドラマや映画の撮影など商用撮影が戻ってきました。そして、宿泊についてはコスプレのお客様のご利用も増えています。

単価でみれば大型の商用撮影のほうが効率も良いのですが、コスプレのお客様には先ほどお話ししたようにSNSで拡散をしていただける利点があります」

山岸「撮影を中心にしたスペース貸しと宿泊の両輪で運営されているのですね。

どちらも歴史あるお屋敷のロケーションを有効活用されています。リフォーム等がほとんどなしで使えているところも素晴らしいと思います」

木村「そこは昔の職人さんの腕と、お屋敷を維持していたオーナーさんのお力です」

図表2－8

コスプレイヤーによる情報拡散の仕組み

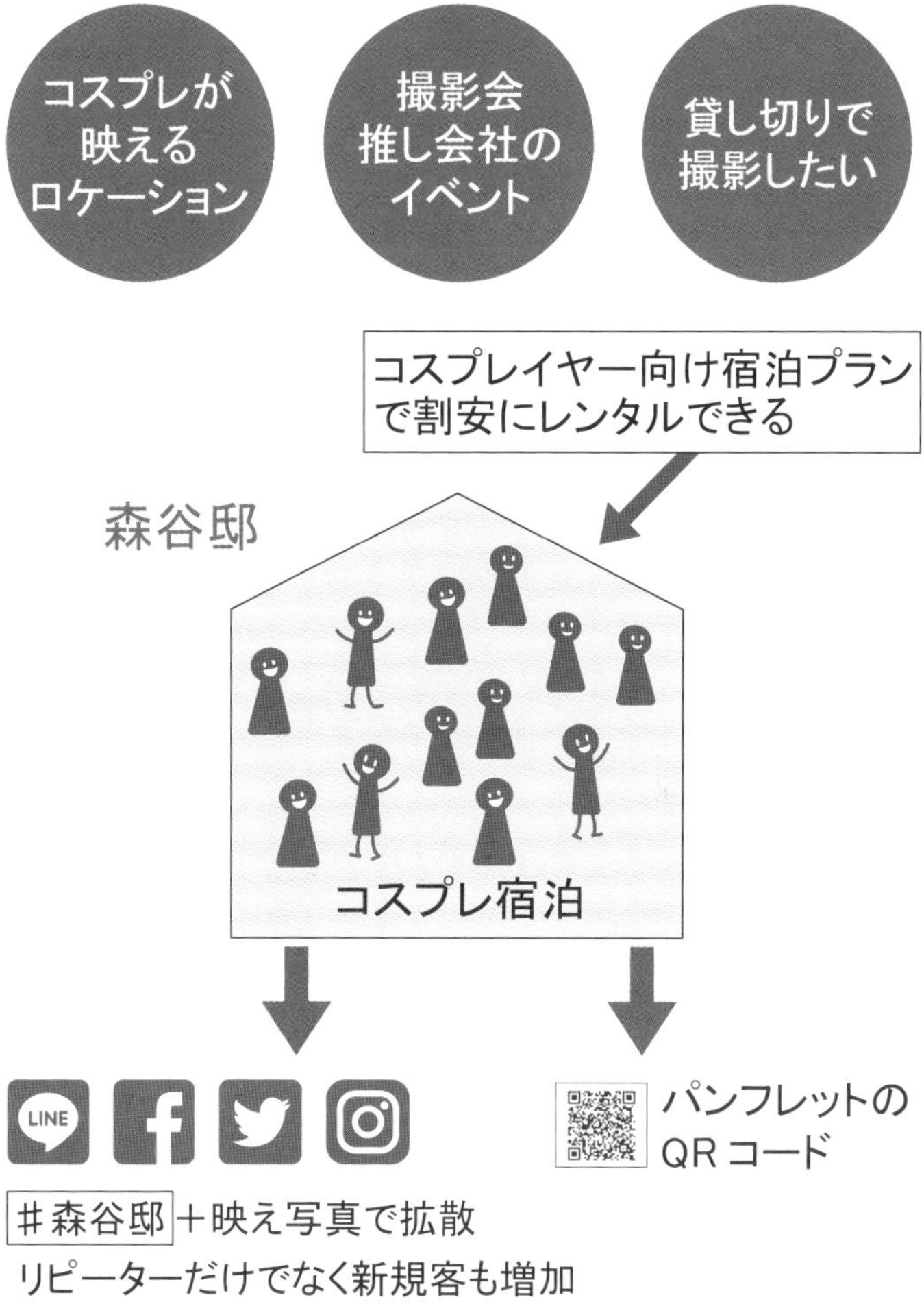

森谷邸の管理と運営の体制

山岸「動き出して5年ほど経つわけですが、オーナーさんはどんな反応ですか？」

木村「最初こそ、コスプレイヤーの子たちが来たときはオーナーさんも驚いていました。でも、一番驚いたのは有名な俳優さんの撮影が入ったとき。それがきっかけで、〝ウチのあのモノだらけだった建物がこんなにキレイになって！〟と喜びながら撮影を見学されました」

山岸「お屋敷を活かしてもらえてオーナーさんとしてもうれしいでしょうね。ちなみに家賃はどれくらいですか？」

木村「それはオフレコです。たぶん都内の戸建てを借りるのに、少し色が付くくらいでしょうか」

山岸「割と安く借りられている状況とはいえ、管理をするのに手間もかかりますよね。運営はどのようにされているのですか？」

木村「運営メンバーは、事業をしている人もいれば会社員もいます。実際に活動しているのは3人です。私が賃貸オーナーで、もう1人は不動産関係の仕事をしており、3人目は税理士です」

山岸「3人はどういうつながりが？」

木村「定期借家研究会という勉強会を通じて知り合った仲間です。私は常日ごろから着物を着ていまして、森谷邸の残置物には和服が多かったこと、また古い戸建てを買って直して貸し出しているのでリノベーションの話もしやすい。
そんな流れもあり〝木村さん、ちょっと変わったお屋敷があるんだけれど見に来ない？〟と誘われたのです。それで意見を出し、最終的には事業化の話をいただいて承諾しました」

山岸「その3人で管理運営の実務をされているのですか？」

木村「運営メンバーではありますが、今はほとんど管理にタッチしていません。管理人さんが別棟に住んでいますし、近所の主婦の皆さんにお掃除をお願いしています。
また、予約が入ったときのカレンダー管理なども外注しています。私たちは予約が入ったあとの対応や、旅館は許認可事業なので役所からの問い合わせ対応をしています」

山岸「実務はしなくても、仕組みで仕事を回せるのですね」

木村「はい。でも、この仕組みをつくるのに1年くらいかかりました。今は外注費を払っても、みんなで遊びに行けるほどの役員報酬は出ていません。
また、月1回は3人全員が必ず掃除をするルールを決めています。やり方や方針で必ずぶつかるのですが、黙々と掃除をしているうち、喧嘩をしていたことも忘れてしまうんですよ」

山岸「そういう心意気のある人が集まったのですね！　すごく良い話ではあるものの、実際はハードルが高いプロジェクトですよね」

木村「それぞれが仕事を持っていて限られた時間しかありません。これが続けられた理由はやはり建物が良いのと、何だかんだと収益が出ていますから。これで家賃が手出しになっていたら、もうやめたほうが良いって話になるでしょうけれど」

山岸「それは何よりです」

木村「問題があればその都度、すべて話し合いましょうという感じです。そのときはお互いの言いたいことを話して進めます。

いずれにしても、私はこのお屋敷にかかわることで、世界観が大きく広がりました。ビジネスという意味だけでなく、この取り組みをして本当に良かったと思う部分です」

図表2－9

森谷邸の管理と運営の体制

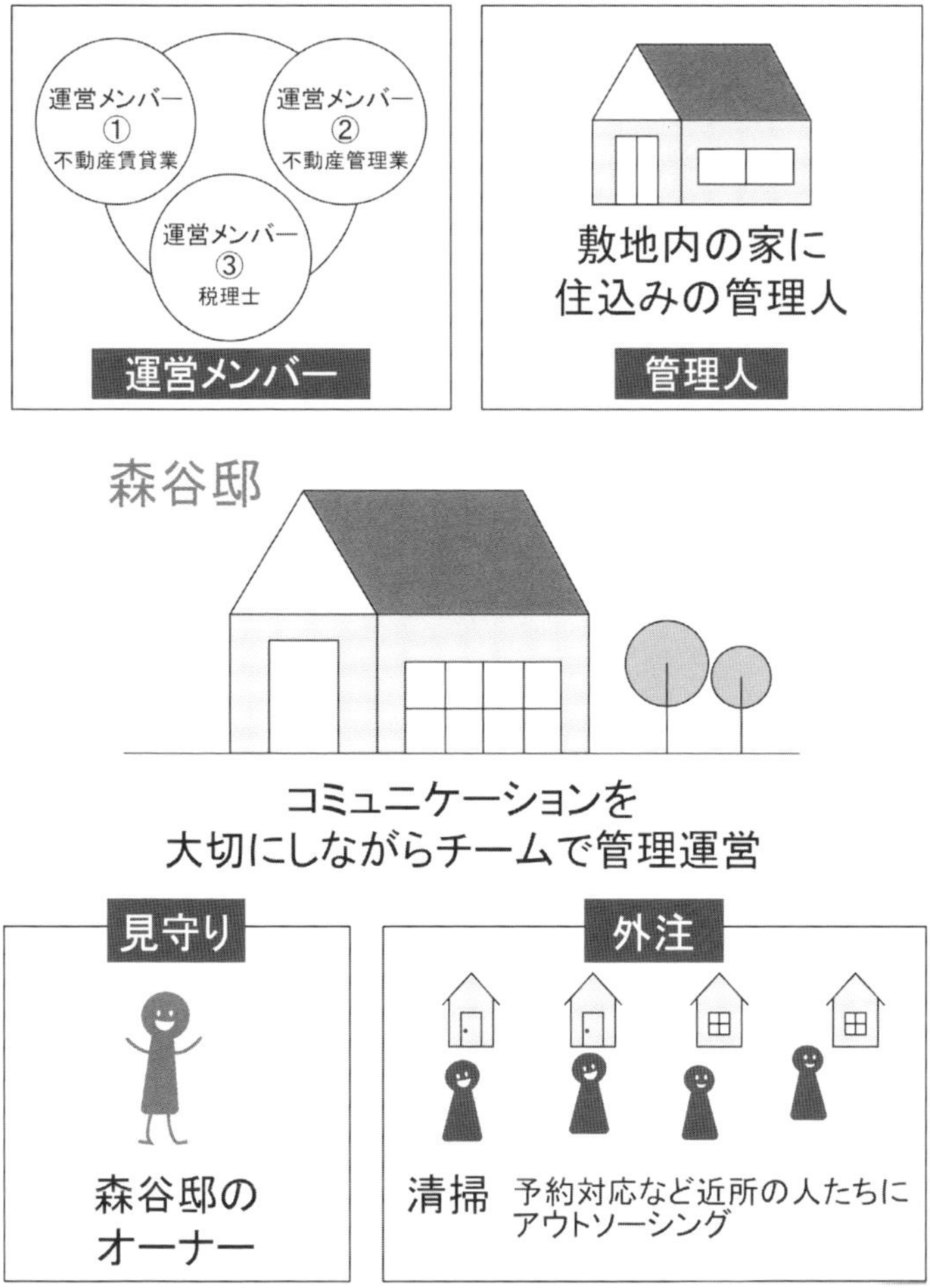

金沢の良さを伝えていきたい

山岸「木村さんはご実家のある金沢でも宿泊業をされています。こちらは順調でしょうか？」

木村「長屋を２戸購入し、１戸は２０１８年に『Ａｒｔ Ｈｏｔｅｌてまり庵』としてオープンしました。そして、２棟目の『椿庵』がこの春にオープンしました。

日本人のご利用もありますが、メインは欧米人です。キッチン付きなので外食をあまりせず、近江町市場で土地の食材を買って来てお料理する方も増えています。

日本人でも長期宿泊される方が多く、２泊からが多いです。自炊しながら滞在して、ゆっくり観光するという旅のスタイルです」

山岸「長期滞在される方が多いのですね！」

木村「金沢は海の幸だけでなく、山の幸も、畑で採れるものもすごく恵まれている環境です。観光はもちろん、食もたっぷり楽しんでもらって、金沢の良さを知っていただけたらと考えています。

これからの試みとしては、ウエルカムドリンクとして地酒をお出ししようかと検討中です。それにあう小皿やおちょこを地元の作家さんとコラボして宿に置くことができたら。可愛らしい豆皿もありますよ。

宿で使っている作家さんの作品をお土産として買っていただくことができたら、より良いなと考えています。地域活性など大それたことを言うつもりはありませんが、金沢の良さを旅行客に伝えて、金沢のファンをつくっていく。それによって地元も豊かになっていけたら理想的です」

山岸「木村さんのビジネスのアイディアは、食文化や伝統を伝えるという意義があり素晴らしいです。それが利益につながるのは大切です。理想だけを求めて、何かを犠牲にして自分だけが頑張ったところで続けることはできません」

木村「なんでも苦しみはあります。不動産も然り。地元にボロボロの家を買って、宿泊業を始めたことで、生まれ育った地で、世代を超えたいろいろなつながりを持てました。こうした拠点があるのは大きな強みだと感じます」

山岸「まさしく地元にネットワークができるのは一つの財産です」

木村「地元には同級生の友人はいますが、私の年齢だとその多くが主婦です。そうすると、こんなビジネスの話はできません。それが堂々とできるのも、オープンなつながりがあるからこそ。地方にもいろいろな考え方の人がいます。

若い方たちとお仕事ができるのも刺激です。彼らには吸収力と柔軟性があります。私の話を〝面白そうですね！〟と興味を持って聞いてくれる人なんて、私たちの年代ではなかなかいませんもの」

山岸「良い話です。オープンしたばかりの2棟目の旅館にくわえて、新たに始める地酒のおもてなしなど応援したいです。ありがとうございました！」

成功のヒント　「お花茶屋 Labo」木村美穂氏

チームワークとコミュニケーションで空き家を最大限に活用できた事例

美穂さんの場合、みんなを巻き込む吸引力と行動量の多さです。自分だけでなくさまざまな人とかかわりながら決めています。そうした仕事の細やかさ、コミュニケーションを大切にすること、そして美穂さんの人柄によってチームができあがっています。アクティブに人を巻き込んで動くとなると、いろいろなことを背負ってしまい、キャパオーバーになりがちです。そこをうまく分担して、あきらめる選択なく、実直に仕組み化することが求められます。美穂さんも不動産賃貸業をしています。管理会社、リフォーム業者などのチームで運営していき、かつ旅館業もしているので、清掃する人、管理人など多くの人を巻き込みながら、利益を生む仕組みを構築しています。

空き家を活用したグループホームで障がい者支援

成田勉氏

親を真似て大家業を開始!

山岸「成田さんは1億円以上の家賃収入のある大規模な大家さんで、不動産投資家を育成するスクールの講師としても活躍されています」

成田「私は現在56歳ですが、大家業を始めたのは35歳のとき。親も大家業を少ししていたため、子どものころから馴染みのある事業でした。

そもそも不動産投資という言葉は、私が始めた20年前には存在しなかったです。昔の大家業といえば、建築営業も来なくて事業マインドのある人しか参入できない世界でした。

たとえば、このころはサラリーマンがカモになって投資アパートを建てたり、儲からない新築ワンルームマンションを買わされたりするケースが非常に増えていきましたね」

山岸「はい。スルガ銀行の不正融資事件もありました」

成田「私は一般的な住居不動産だけでなく、いろいろとチャレンジしたいタイプです。民泊で結果を出すこともできましたが、コロナ禍ではダメージを受けました。それでも自己所有の物件なので、転貸で行っているケースに比べて影響は軽微だと思います。

また、レンタルルームも経験しましたが、普通に賃貸に出したほうが良いと学びました。ただ、これもやってみないとわからないことです。

運営していた旅館は2022年に営業権を譲渡して手放しました。少しの赤字だったので所有し続けることもできましたが、管理が大変だと感じたからです」

山岸「長く経営を続けていると、状況は変わっていきますね」

グループホーム1年目の苦労

山岸「どのような経緯でグループホームを始めたのでしょうか?」

成田「私は大家さんですが、不動産投資のスクールも運営しており、自分が実験して成功した内容を生徒さんに教えています。その中でお金がない人は融資が引けないので、築古の戸建てを現金で買う手法にならざるを得ません。

それを普通に賃貸に出すのか、もっと利回りの高い運用方法がないのか。それを模索している中で始めたのが障がい者向けのグループホームでした」

山岸「生徒さんのために考えられたのですね。立

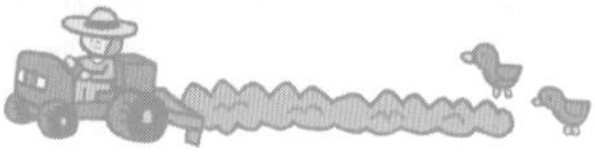

ち上げはいつですか?」

成田「２０１９年の2月に愛知県半田市の物件を購入して、認可を得たのが5月１日ですから、まもなく4年目ですね。野田さん、私、障がい者向けの訪問介護をしているFさんの３人で出資して立ち上げました」

山岸「お仲間との出会いのきっかけは?」

成田「以前から知り合いだったのですが、厳密にいうと野田さんが不動産投資家育成スクールの講師になり、そこからのお付き合いです。スクールを一緒にやりつつ、新たな投資方法の開発を模索していました。

その中で、私が大阪でグループホームのセミナーがあることを知り誘ったのが発端で、今では野田さんの本業はそちらになりましたね」

山岸「半田市を選んだのには何か理由があったのでしょうか?」

成田「メンバーの１人、Fさんが半田市で訪問介護ステーションをやっていたので、その近くで立ち上げました。また、半田市は福祉に対して非常に熱意のある自治体だったのも大きいです」

山岸「福祉事業に向いた町なのですね。立ち上げは順調でしたか?」

成田「１年目は県の検査が朝から晩まで入って大変でした。主に書類や運営体制に関してです。こちらも立ち上げたばかりなのでわからないことも多かったのですが、何とか追加で書類を提出して事なきを得ました。

本来であれば、県や市はグループホームが足りないから増えてほしいと望んでいるはずです。しかし、これほど審査が厳しければなかなか増えないでしょう」

山岸「そこまで厳しいのですか？」

成田「これには背景があります。グループホームは県の認可を受けて補助金をもらいます。それだけに適正に運営する必要があるのです。後ほどお話ししますがフランチャイズやコンサルが、数を増やしていることも理由なのかもしれません。

不適切であれば返還請求されます。何年も経ってから〝さかのぼって返せ〟と請求されたら、それだけで破たんする可能性があります。幸いにも私たちは厳しい検査をクリアできました」

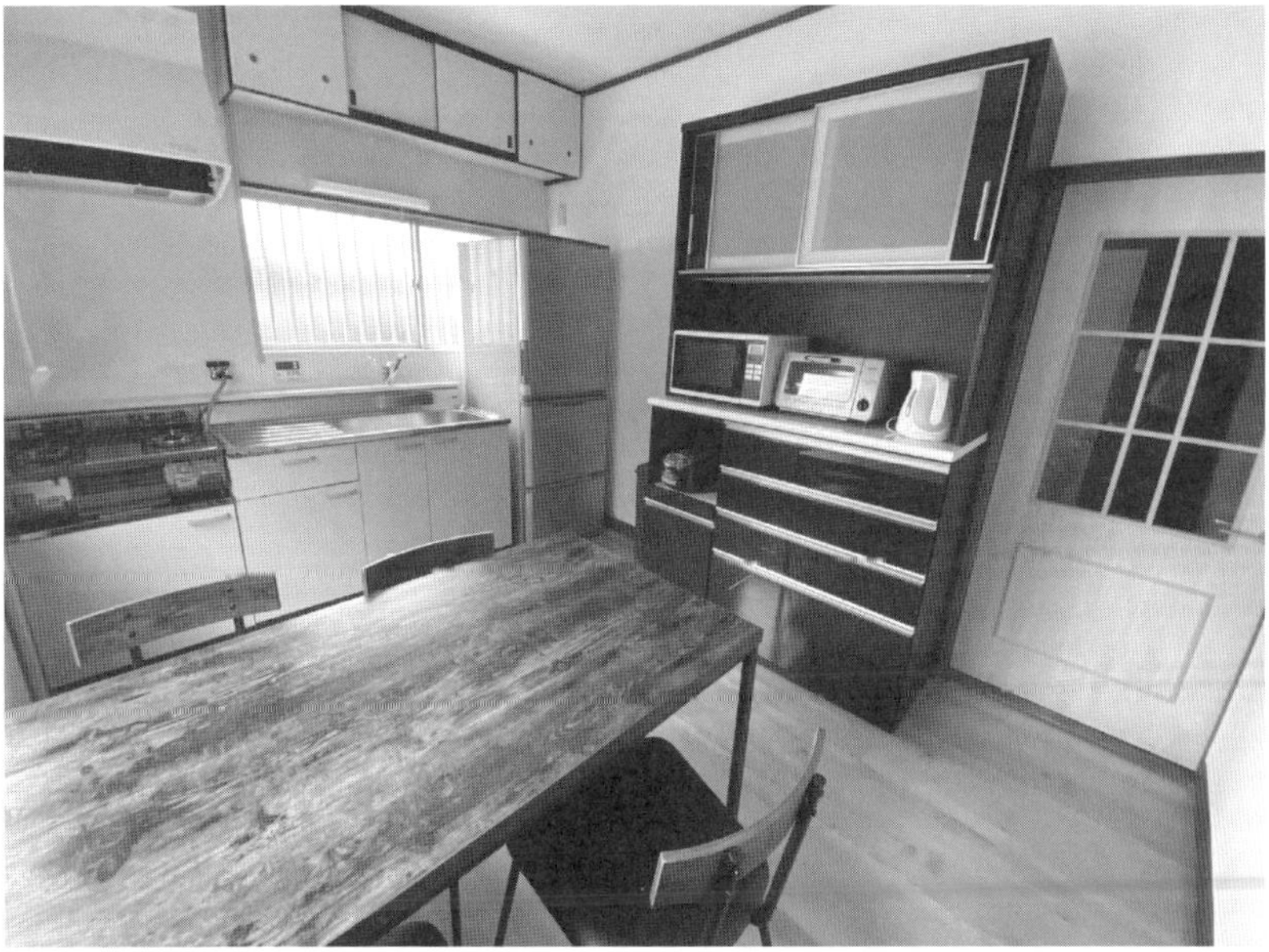

グループホーム１号棟のリビングダイニング

図表2－10

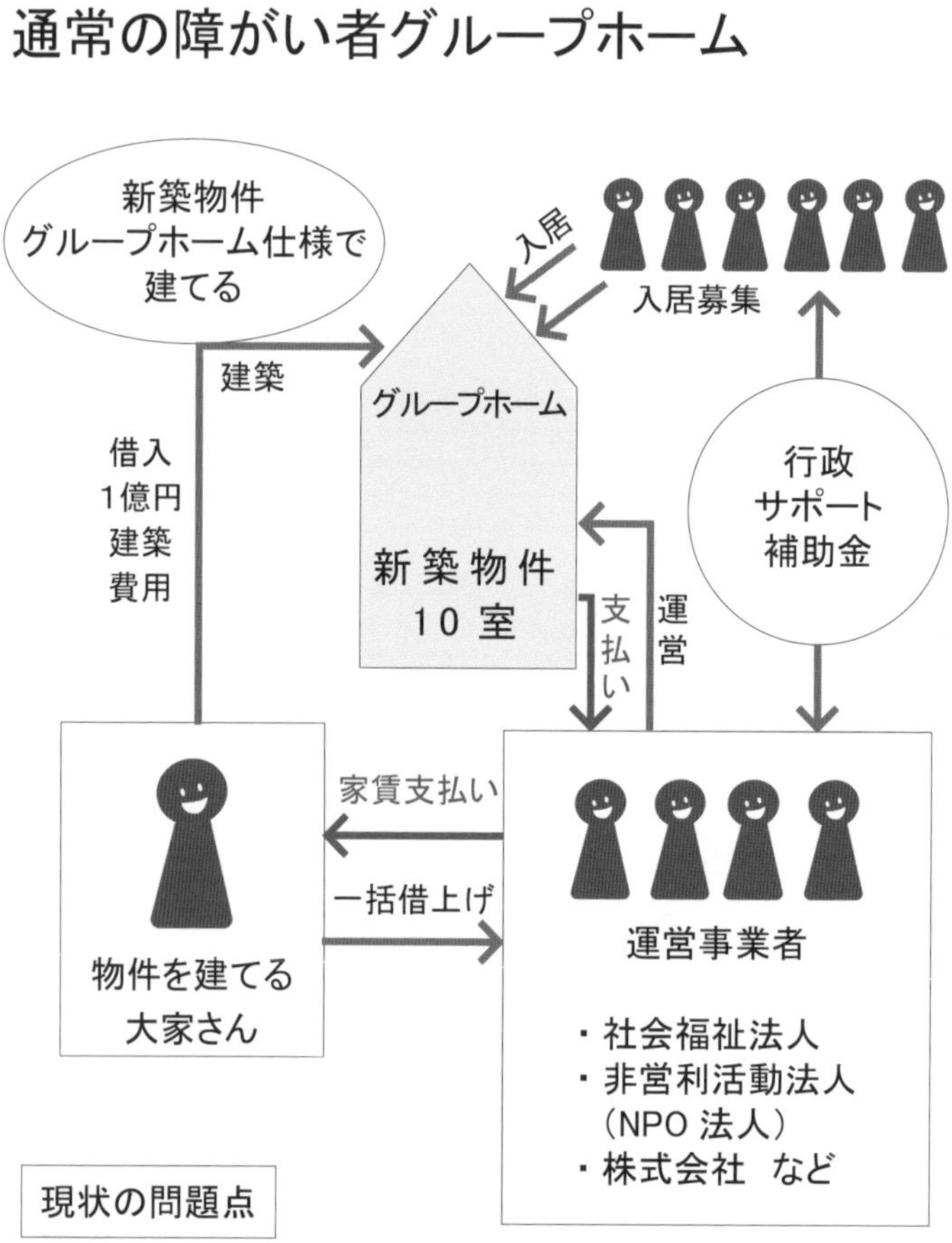

現状の問題点

・大家さんと事業者の協業マッチング事例が少ない
・資金繰りで運営事業者の負担金額も生じる
・障がい者の親族の寄付金で建設する場合は時間がかかる
・フランチャイズ系運営だと、加盟金やロイヤルティの負担が多い

図表2－11

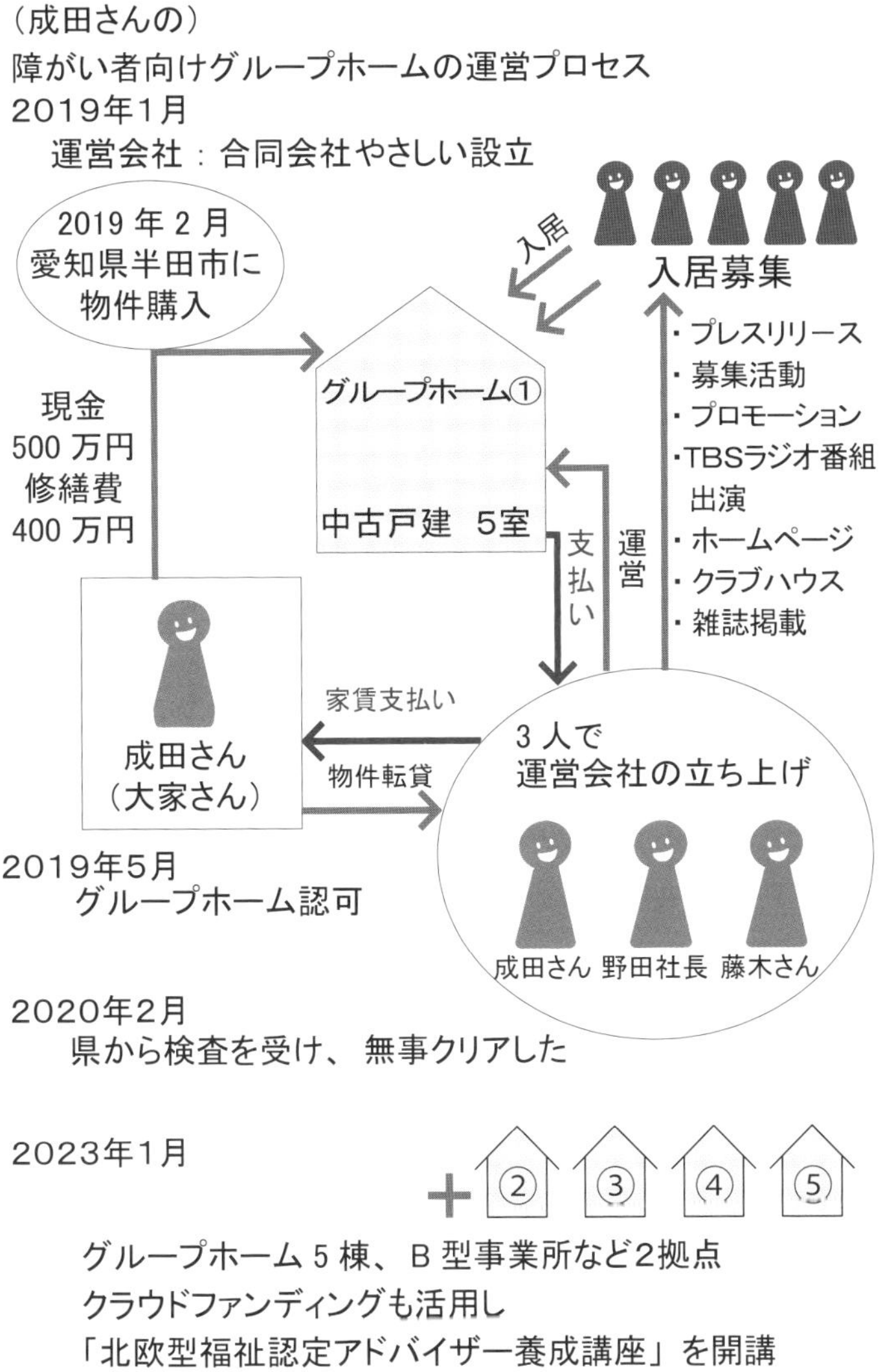
（成田さんの）
障がい者向けグループホームの運営プロセス
2019年1月
運営会社：合同会社やさしい設立
2019 年 2 月
愛知県半田市に
物件購入
現金
500 万円
修繕費
400 万円
グループホーム①
中古戸建　5室
入居
入居募集
・プレスリリース
・募集活動
・プロモーション
・TBSラジオ番組
出演
・ホームページ
・クラブハウス
・雑誌掲載
支払い
運営
家賃支払い
物件転貸
成田さん
（大家さん）
3 人で
運営会社の立ち上げ
成田さん
野田社長
藤木さん
2019年5月
グループホーム認可
2020年2月
県から検査を受け、無事クリアした
2023年1月
②
③
④
⑤
グループホーム 5 棟、B 型事業所など2拠点
クラウドファンディングも活用し
「北欧型福祉認定アドバイザー養成講座」を開講

資本と運営を分離することで規模を拡大

山岸「そこから規模拡大されたのですね」

成田「資本と運営の分離をするやり方で、2年で5ホームまで増やすことができました。他のグループホームの運営会社から見れば、愛知県内では驚異的な成功事例といえます。

なぜなら自分たちでグループホームをつくる場合、障がい者の保護者から寄付してもらう形式が通常であり、私たちのようなスピード感で規模を拡大できないからです」

山岸「善意だけで経営するのは難しいですね」

成田「そうなんです。儲けが最優先される事業ではありませんが、利益が出なければ事業に参入しにくいものです。運営がうまくいかなかった場合にどうなるかということです。

私の事例ですと、鉄骨造の5ＬＤＫを現金500万円で買いました。ただし、グループホーム用にリフォームすると、次から次へと壊れて修繕が重なり、すべて合わせたら1000万円近くかかっています」

山岸「修繕費に補助金は使えるのですか？」

成田「いいえ、それ自体に補助金はもらえません。たとえば、ファミリー向けの戸建てをグループホームにして、1室あたりの家賃が月額3万5000円だとして、5部屋あれば17万5000円になります。

この戸建てを普通に貸したら6万円程度です。

もっとキレイなら高く取れると思うのですが、少なくとも本来の家賃の2～2・5倍は得られます」

山岸「条件にあった家を、障がい者グループホームの事業者に貸して家賃を得るのですね？」

成田「はい。事業者に丸ごと借りてもらいます。そして、その事業者を私たちは自分たちで立ち上げたのです。

グループホームのフランチャイズは数多くあるのですが、フランチャイズ本部に莫大な金額を支払うと、開設はできるものの運営ノウハウが大したこともないので、むしろリスクが高くなります。ですから、私たちはそういうものを一切払わず自分たちで開発しています」

山岸「3人で立ち上げた事業所で運営を行い、家賃収入は事業所から成田さんへ支払われるのですね。グループホームに入所する費用は事業所に支払われるのですか？」

成田「基本的にグループホームに入っている人は、家賃と介護保険で入る形ですね。これは野田さんのほうがくわしいのですが、おそらく家賃以外に十数万円になると思います。

ただ、グループホームの人数によって違います。人数が増えてくると一人あたりの単価が少し安くなるので、たとえば5人のグループホームよりも2人のグループホームのほうが単価は高いです。

ですから、最初になかなか集まりにくいときは、2人のグループホームでオープンし、そこから定員増の申請をかけて数を増やしていく流れになります」

山岸「いろいろあるのですね」

成田「事例として計算するなら月額17・5万円×12カ月で最大210万円ですが、空室もあるので実際はそこまでいきません。

　平均すると14万円くらいなので、12を掛けると168万円。900万円で切り上げて168で割ると、実質利回り18％くらいになりますね」

※満室年家賃÷（購入価格÷100）で表面利回り、（満室年家賃－運営費用）÷（総事業費÷100）で実質利回り、総事業費は購入費、諸費用、改装費等の合計。

山岸「すごい利回りです！」

成田「やはり経験して思ったのが、多額の加盟金や月々のロイヤリティを支払ってできるような事業ではありません。

　ただ、グループホームプロジェクトは私の手柄ではなく、仲間がいるから実現できたことです。私が最初の物件を購入し、一緒に立ち上げた仲間のもう1人が2軒目を買いました。両ケースとも古い家を現金で買ったので破たんリスクもありません。

　くわえて、入居している人数に応じて払う従量制のサブリースにすれば、いわば変動経費だから運営側も赤字が出なくなります。もしも〝1棟丸ごと借上げ〟なら、うまくいかない部分はあったかもしれません」

山岸「家賃負担が少なかったのですね」

図表2－12

グループホーム運営のポイント

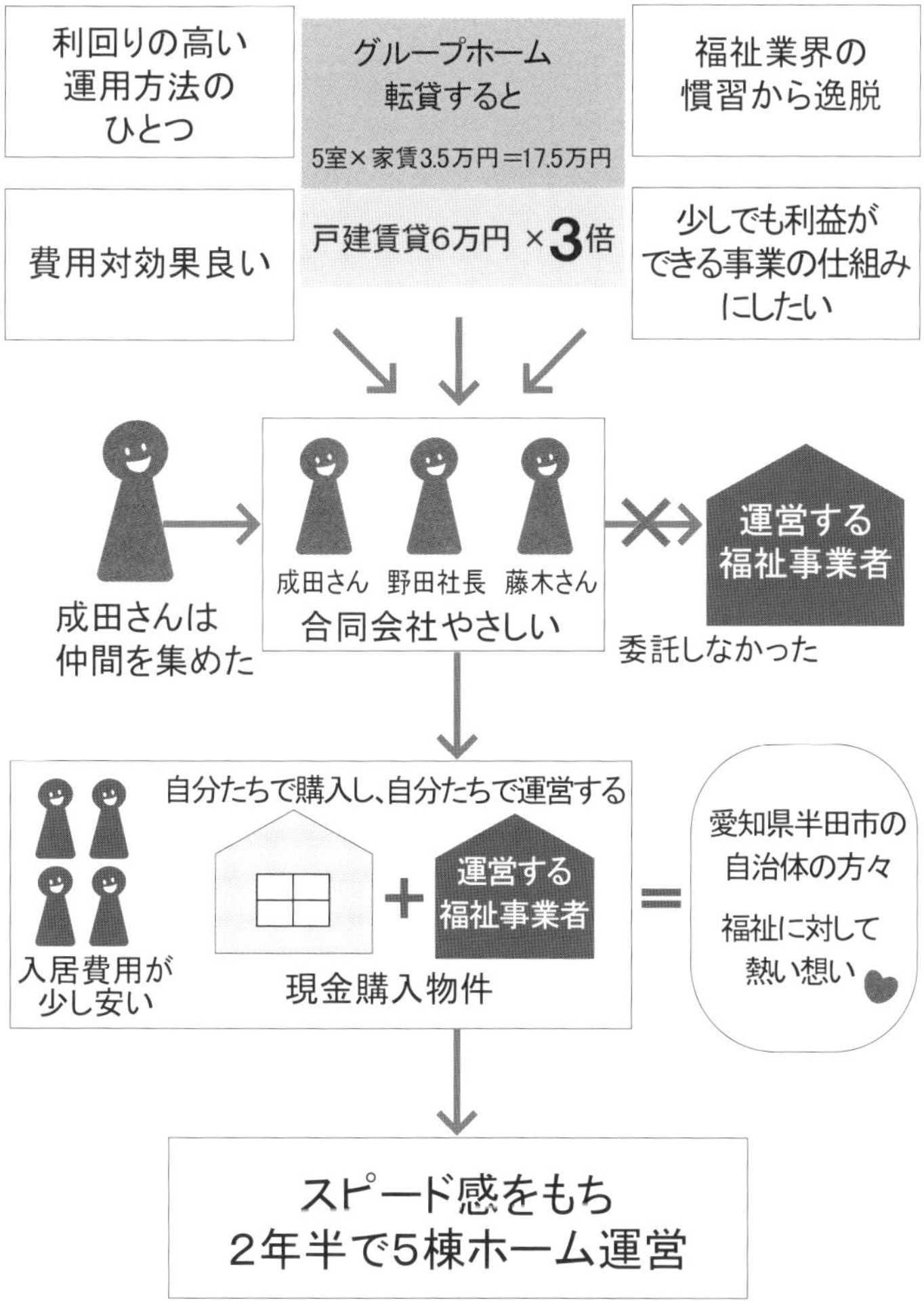
利回りの高い
運用方法の
ひとつ
グループホーム
転貸すると
5室×家賃3.5万円＝17.5万円
福祉業界の
慣習から逸脱
費用対効果良い
戸建賃貸6万円 ×3倍
少しでも利益が
できる事業の仕組み
にしたい
成田さんは
仲間を集めた
成田さん 野田社長 藤木さん
合同会社やさしい
運営する
福祉事業者
委託しなかった
自分たちで購入し、自分たちで運営する
入居費用が
少し安い
運営する
福祉事業者
現金購入物件
愛知県半田市の
自治体の方々
福祉に対して
熱い想い
スピード感をもち
2年半で5棟ホーム運営

グループホームを始めたい人へのアドバイス

山岸「これから始めたい人へアドバイスをお願いします」

成田「私たちがやっているのは愛知県半田市ですが、市町村は絞ったほうが良いと思っています。福祉に対する姿勢が自治体によって違うので、消極的な自治体だと非常に苦労します。やはり福祉に関しては、熱い想いを持って一生懸命にやる自治体が良いでしょう」

山岸「それは障がい者向けのグループホームだから、助成金などのサポートをしてもらう意味でも？」

成田「そうですね。助成金に関しては県内で特別ルールがあるわけではないのですが、市の福祉課といった行政との力を借りる必要があるので、協力的か否かは大きな問題だと思います」

山岸「なるほど。成田さんのように多店舗展開に際しての注意点はありますか？」

成田「グループホームは〝主たる事業所から車で半径30分以内の場所に作らなければならない〟というルールがあります。

そのため、その範囲内で収まるように事業を組み立てなくてはなりません。今後に遠方で展開するためには、その点を考えていく必要があると思っています」

山岸「いろいろな決まりごとがあるのですね」

成田「ただ、たとえば障がい者の親御さんがグループホームの大家さんになり、かつ、勉強して事業所を立ち上げることができれば、福祉事業の収入と家賃収入の2つが得られるため、生計は安定するといえるでしょう。実際、それを目指してサービス管理責任者になっている人もいます」

山岸「空き家活用しながら事業が成り立ち、未来が構築できますよね！」

成田「私たちがしているような空き家を買って、グループホームとして活用する手法は空き家問題の解決にもつながりますし、障がい者福祉の観点からも社会に貢献していると思います」

山岸「同感です。他に注意する点はありますか？」

成田「家を購入する際の注意点です。高利回りになりますが、結局、障がい者グループホームの事業者が借りてくれた前提の利回りなので、そこが退去したら自分で客付けする能力が求められます。もしくは違う客付けルートを探さなければなりません。

そこが問題点だと最初から思っていたので、私は生徒さんがグループホームに投資する際には、〝普通の借家として貸しても破たんしない＝儲けは減ってもキャッシュフローがマイナスに転落しない〟というルールを徹底させています」

山岸「なるほど。大切なことですね」

成田「そのためには割安で売られている空き家を活用すること。コストのかかる新築はつくりません。原則は、グループホームにできなくても赤字にならない物件です。
目安としては地域によりますが、利回り（投資額に対してどれくらいのリターンがあるのかを数値化したもの。年間収入の総額を投資額で割って算出）8〜10%程度でしょうか。
それをグループホームとして運用すると利回り25%になります。これがグループホームとして利回り8%で新築したら、賃貸に引き直して3%や4%になります。これでは、投資として成り立ちません」
山岸「グループホームとして活用しない場合、不動産賃貸業もできる物件を選べば良いのですね。グループホームを学ぶにあたり、何か参考になる本はありますか？」
成田「名古屋の大谷光弘さんの書籍『高収益と社会貢献を手に入れる福祉施設投資法 - 空室なし・家賃下落なし・らくらく賃貸経営の秘策』（セルバ出版）は読みました」
山岸「まだまだ情報が少ないので、成田さんから生徒さんに伝えることは社会的にもぜひやってほしいと思います」
成田「はい。私は不動産投資を学校スタイルで教えているので、卒業生でチームをつくってやれたら良いかなと思っています。
そうしたことを考え、学校づくりのクラウドファンディングをやってみたところ、資金も集まったので今年の1月から開講しています」

今後の目標は後進の育成

山岸「今後、グループホームを増やしていく予定ですか?」

成田「サービス管理責任者一人あたり30名と上限があります。現状、サービス管理責任者は2名いるのですが、5ホーム運営していて人員不足の問題があるので、増やすかどうかは難しいところですね。

結局、増やすためには、サービス管理責任者を雇わなければいけません。私のこれからの活動としては、先ほどお話ししたスクールをはじめ、同じようにやりたいと希望する人たちを支援する形が良いのかなと考えています」

山岸「後進の育成ですね!」

成田「これは不動産投資でも同じで安く買えば成功しますが、高く買ったら失敗します。そのさじ加減は悩みどころです。

この仕入れの課題にくわえて、初めからチームを組んで進められるかどうか、あとはサービス管理責任者を用意できるかが鍵になるでしょう」

山岸「理想だけでは難しいと思いますので、成田さんのご経験を後に続く生徒さんに伝えていただきたいです。最後に、成田さん自身の今後の目標をお聞かせください」

成田「日々楽しいことをしており、目標は叶っているかなと感じています。ある程度以上は稼いで自由を得たので、今の倍以上の幸せは得られないと思います。

ときどき言うのですが、稼ぎがドラゴンクエストのゴールドのような感覚になります。ただ、奪われる税金はリアルに感じるわけです。

ちなみに不動産投資は、昔は新築でも工夫してつくれば利回り15％で運営できていたのが、今では利回り10％もかなり難しいのが現実です。そこで、私の門下生にも利回り8・5％以上を目指すように伝えています。

ただ、今後、利回り8・5％をクリアするのが難しくなってくることもあり、そうなったら目指す利回りは8％になるでしょうし、近い将来7％、6％と下落していくかもしれません。こうして利回りがどんどん低下したとき、不動産投資で十分な利益を得られるかは疑問です。

それを見据えて何ができるかを考えると、〝いかに低リスクで事業を構築するか〟だと思います。そういう理由もあって、エンジェル投資家になり

成田さんの高利回り新築木造マンションの見学会

たいのです」

山岸「人を応援する？」

成田「一緒に事業を立ち上げて、必要な投資資金があれば出資してあげます。ビジネスを教えることで、うまく事業展開できる人材に育ってもらえたら良いと考えています」

山岸「楽しみにしています。今後は成田さんの肩書きが変わってくるかもしれないですね！」

成功のヒント

成田勉氏

ミスマッチともいえる福祉と投資の結びつきが大きな社会貢献へ

不動産投資家として成功されている成田さんは、「より多くの人に貢献したい」という想いを抱いて活動をされています。常にアップデート・情報収集されており、常に、多数の取り組みを進行させています。今回は「障がい者グループホーム」についてお話しをうかがいました。不動産投資家の目線で「いかに利益を維持しながら、費用対効果の良い仕組みを作れるか」を考えて確立されたと思います。福祉に関わる仕事の場合、行政との協力も必要ですし、理想論だけでは立ちいかないものです。不動産に付随するビジネスで、儲かると直感すれば、失敗を恐れず、即実践される行動力がすごいです。『できることをやるのではなく、やるからできる』精神です！

WINERY

第3章

事業家支援と不動産の利活用

無人栽培&IT集客、観光農園で起業

「ブルーベリーファームおかざき」畔柳茂樹氏

豊かさや活力をいかに次の世代へ引き継げるか

畔柳「最初にお伝えしておきたいのですが、私はあくまで自分らしく生きるため、手段として観光農園を選んだに過ぎません。

0から1を生み出すような新しいことを始めてお客様に喜んでもらいたかったので、不動産投資で不労所得を得る考えは一切ありません」

山岸「不動産投資は〝投資〟とは言われていますが、実態は不動産賃貸業です。今回は不動産賃貸業にこだわらず、多様な不動産利活用についてお話をお伺いしています」

畔柳「私の場合、あくまで〝何をやりたいか〟ということにスポットを当て、自分の良さを引き出す一つの事例として、ブルーベリーの観光農園を運営しています。

結果的に不動産を有効活用することにはなっていますが、その意図があったわけではなく、皆さんにもそれを勧めているわけではありません。人口が減っていく日本で、この豊かさや活力をいかに次の世代へ引き継げるか。これを私は伝えていきたいと思っています。

繰り返しになりますが、不動産の有効活用については、私の中で特に意識をしているわけではありません。最初にそれを伝えておくべきだと思ったので」

山岸「はい。ありがとうございます。まずは経歴から教えていただけますでしょうか？」

畔柳「大卒後に自動車部品世界No.1のデンソーに入社し、20年ほど働きました。最後の4～5年は管理職を経験したのですが、ちょっと限界を感じまして。そのとき〝自分がやりたかったことはこれではない〟と気づいたのです。

まさに人間をやめるか、会社を辞めるかという極限状態にまで追い込まれていた時期でした。最後は〝好きなことを自分で仕事にしよう〟と決断

して会社を飛び出しました。農業や観光農園をやりたいと全国を探したのです」

山岸「最初から農業に絞って起業されているのが珍しいですね」

畔柳「私が農業で起業すると決めた理由は、小さいときから植物を育てるのが大好きだったからです。将来は農業や自然に向き合える仕事に就きたいと子どものころから思っていました。

私は経営者ですが、今でも畑に出て生育を見守ったり、観察したりするのが大好きです。私は田舎育ちで周りが自然ばかりでした。犬や猫を育てたり、魚や昆虫をとったり。そういう環境が大きく影響していると思います」

山岸「なぜブルーベリー農園に着目したのですか？」

畔柳「人がやっていないからです。自分で道を切り開こうと思っていろいろ探したところ、イチゴと違い、ブルーベリーはほぼ誰もやっていないことがわかって〝自分は日本で第一人者になれるんじゃないか〟と感じました。

そもそもブルーベリーを調べていくと、いろいろな魅力に気づきました。健康にも良いですし、きちんと作れたら大ヒットするんじゃないかと思いました」

山岸「育てる人がいなかったのは、なぜでしょう？」

畔柳「ブルーベリーはもともとアメリカが原産地なので、生育環境を整えてやらないと育ちません。

皆それを知らずに失敗しています。
私は、アメリカの土壌の環境を養液（水耕）栽培という形で再現し、ブルーベリーの潜在能力を引き出しています。そうすると、2~3倍のスピードで生育が進んで収穫量も数倍になります」

山岸「ご著書には1年間のうち、稼働がわずか60日余りと書かれていますね」

畔柳「それは〝60日しか働かない〟ではなく、〝60日しか営業しない〟という意味です。私はマーケットインの発想で考えるようにしていますが、〝イチゴのように収穫できる夏のフルーツはない〟ということをご存じですか？

夏にはブルーベリーしかありません。ブドウはもう少し後の秋で、さくらんぼは6月くらいです。6~8月をカバーするフルーツはありません。つまり客数が伸びる夏休みも狙えます」

山岸「なるほど！　観光の要素が強いとなると、やはりコロナ禍で影響は受けましたか？」

畔柳「いいえ。ステイホームが推奨されて、観光業は厳しいといわれた中でも好調でした。土日はもちろん平日も驚くほどの数の人たちが訪れてくれました」

山岸「その理由はなんでしょう？」

畔柳「まず完全な屋外施設であること。そして創業以来の方針である、団体を入れない、インバウンドも頼らないところが功を奏しました。

ＩＴ集客はやり方を心得れば、いくらでもお客様が来ます。ホームページもシーズン中であれば

1日5000~10000ページビューあり、月間で20万前後いきます。

この数字もコロナ前より伸びています。皆さん遊べる場所を探しているのでしょう」

やりたい人がやれない農業の問題

山岸「事業をスタートするにあたり、畑の用地から自分で探してきたのですか？　それとも、ご自身でお持ちの土地だった？」

畔柳「これは先祖代々の農地です。この近隣は自分で土地を持っていても、自分で農業をしている人はいません。

専業農家に貸して、その人がすべて請け負っています。預けているから分け前を少しはもらえるかというと、1円ももらえません。預かってもらえるだけありがたいという感じです」

山岸「無料で貸し出して、ありがたいという感覚ですか……」

畔柳「米の値段がいくらか知っていますか？　正直、儲かるものではありません。だから専業農家も1円も払えない。

それが日本の農業の実態です。農地は専業農家に貸していて、1円ももらわず、なんとなく農地を持っているだけです。

今回のテーマとは違うのですが、農地って流動性がないのが最大の問題なんです。借りてでもやりたいという都会の人は山ほどいます。

だから、その人に貸してあげれば良いのに皆さん貸さない。見ず知らずの人に貸したくないとい

since 2008
Blueberry
Farm
おかざき

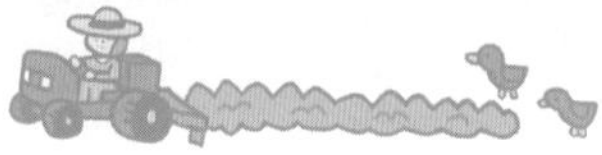

う、農家を象徴する閉鎖的な考え方ですね。それが解消されるだけで日本の農業は必ず再生します」

山岸「手放さないのは売れないからですか？」

畔柳「都市近郊の農家ならとりあえず持っておけば、〝都市開発などで農地が高い値段で売れるのでは〟という密かな期待があるんです。近くに2、3年後にアウトレットができるのですが、畑や田んぼがすごい値段で売れています。そういうことを農家の人たちも知っています。

だから大半の人は、農地や農業に対する情熱なんて一かけらもありません。こうしたことが農業の最も根本的な問題だと思います。まさに〝やりたい人がやれない農業〟になっています。

ウチのセミナーにたくさんの人が受けに来るのですが、参加者の大半は農地を持ちません。そういう人たちが農地を探すのは一番ハードルが高いのです」

山岸「それこそ行政の出番ではないのですか？」

畔柳「行政に行ってもなかなか相手にされませんよ。農地はあっても農家が売らないという根深い問題です。やる気がない農家のあと継ぎはたくさんいますが、そうした人たちが一番厄介です」

山岸「昔だと、市役所に勤めながら農業もしているような〝兼業農家〟の人たちがいましたが、そういう方も今は少ないのですか？」

畔柳「50年、60年前はそうでしたが今は少ないです。とにかく、やる気がある人に土地もお金も回らない仕組みになっています。

図表３－１

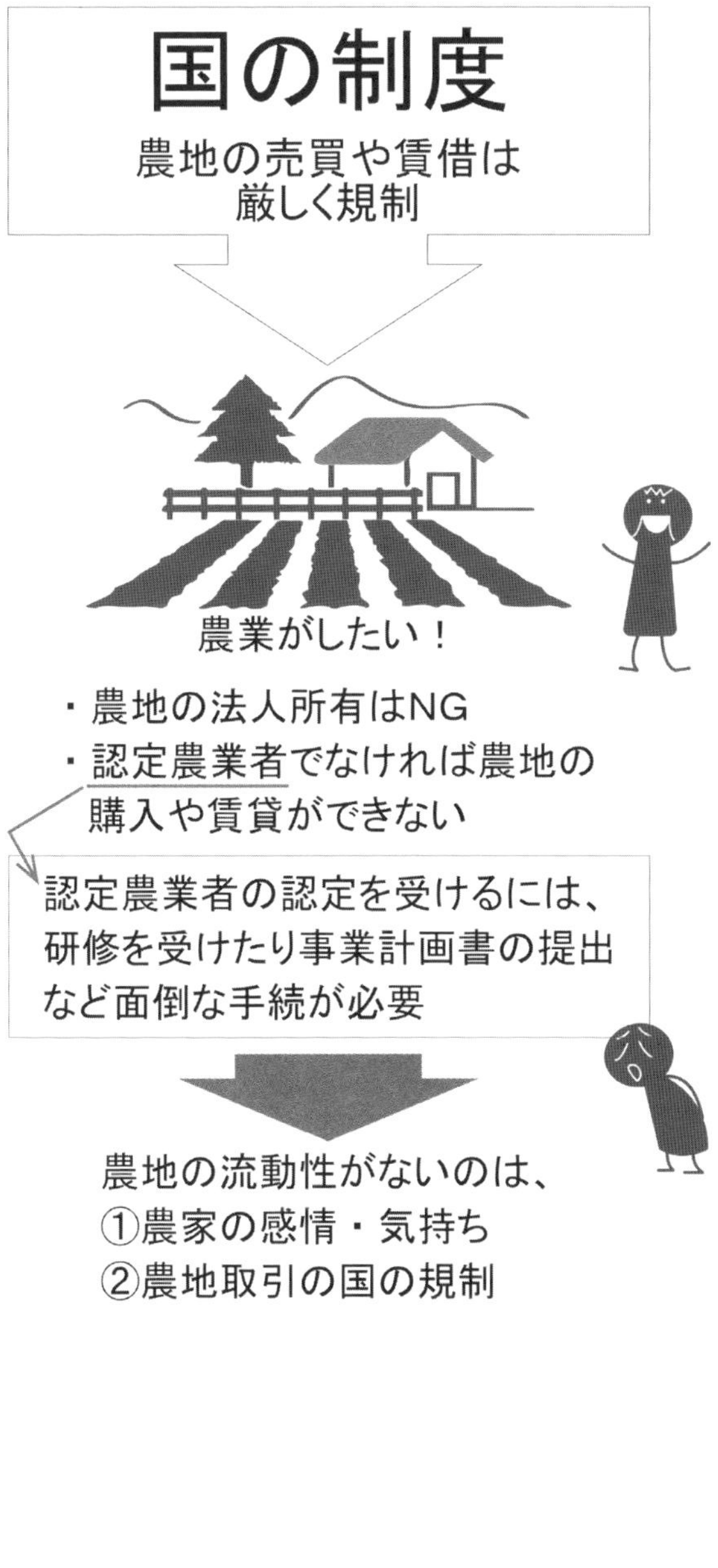
国の制度
農地の売買や賃借は
厳しく規制
農業がしたい！
・農地の法人所有はNG
・認定農業者でなければ農地の
購入や賃貸ができない
認定農業者の認定を受けるには、
研修を受けたり事業計画書の提出
など面倒な手続が必要
農地の流動性がないのは、
①農家の感情・気持ち
②農地取引の国の規制

だから皆さん農地探しは本当に苦労さてれています。とはいえ情熱がある人は見つけてくるものです。

今度、鈴鹿でやる人がいるのですが、その人は〝農業をしたいので、どうしても貸してほしいのです〟と集落でビラを撒きながら、1軒1軒回って農地を探していました」

山岸「そこまで苦労されているのですね！」

農業で成功するためには〝つくるだけ〟ではダメ

山岸「実際、農家のあと継ぎでもない人が、ブルーベリー農園をやりたいと学びに来るわけですよね。そういう人たちは、どうして農業をしようと思ったのですか？」

畔柳「細かい理由までは聞いていませんが、基本的には今の会社員生活に限界を感じている、かつ農業に対してポジティブな印象を持っている人が多いです。〝農業はやりがいがある〟と感じている人がたくさんいます。

しかし、一般的には逆でしょう。ある若者に対するアンケート調査の結果を見て驚いたのですが、農業は〝儲からない・仕事がきつい・モテない〟など、マイナスのイメージがものすごく強いです」

山岸「確かにそうですね。ネガティブな側面とポジティブな側面があると感じます」

畔柳「そのためには少なくとも稼げるようにしないと、農業をやる人は減る一方だと思います。そのなかで、私は収益性の高い農業のビジネスモデルを構築したので、それを提案しているとどんどん人が集まってきます」

山岸「いつからブルーベリー農園のビジネスを教え始めたのですか？」

畔柳「2012年からなので10年を超えました。現状、新規で100軒近くでき上がりつつあるのですが、後追いしていないので売上などはわかりません。

　少し話が変わるのですが、観光農園は結局のところ、集客できるかどうかで決まるんです。もちろん美味しいものをつくるのが大前提で。それはある程度仕組みができているので問題ないと思うのですが、皆つくるほうに一生懸命になってしまい集客をしない。集客できないと、いくらつくっても儲かりません。

　つい先ほど〝ホームページ1日5000〜10000ビュー〟と言いましたが、そこまでは無理でも情報発信を毎日できるか、あとは広告やメディアをうまく活用できるかどうかが成否を左右します」

山岸「集客が肝（きも）ということですね」

畔柳「農業で成功するためには、農作物をつくるだけでなく、集客が非常に大事なんですね。美味しいブルーベリーができたらお客様が自然に集まると思っているのかもしれませんが、絶対に来ません。JAなどにブルーベリーを卸すことで儲けを取るビジネスではないからこそ、集客が大事なのです」

山岸「そこに気づかない人が多いのですか？」

図表３－２

農起業したいがなかなかやれない農業の現実

農地所有者

・見ず知らずの人に貸したくない閉鎖的な考え方
・すでに農業をやめて耕作放棄地になっている
・都市近郊の農地なら、持っていたら高値で売れると期待している
・農地をただで貸すことで耕作放棄地にならない

高齢者の農家（専業＆兼業）

・農家＝非常に苦労するものとネガティブな刷り込み
・農業をし続けていて体力的にもしんどくなった
・自分たちの子どもは都心に住んでおり、農業を継ぐ人がいない
・補助金の制度が農業をやる気にならない仕組みになっている

脱サラで農起業者

・農地を探すハードルが一番高い
・やる気はあるが情報を知る人が少ない
・１軒１軒農家さんを回って、農地を探すしか方法がない

畔柳「私は文章を書くことが得意ですし、話すのもそれなりに自信はあるのですが、そうしたことが苦手な人もいます。

毎日、〝必ず何か1つは情報発信してください〟とお願いしているのですが、それができるのは10人のうち1人です。正直な話、即効性があるものではありません。1〜3年続けてようやく結果が出てくる世界なので」

山岸「大事だとわかっているけれども苦手意識で続かない……」

畔柳「美味しいブルーベリーをつくるまではシステムが成り立っているので、その面では心配は不要です。でも皆さん、そこにエネルギーを使ってしまう。〝集客7割、栽培3割の割合でいきましょう〟と言うのですが逆になりがちです」

山岸「もったいないですね。土地を押さえるところからスタートするため、かなり大変な壁を乗り越えているわけです。しかし最後の最後で、集客という大きな課題にぶつかるのですね……」

想いだけでなく数字の落とし込みが必須

山岸「農業のセミナーは毎年開催されているのですか?」

畔柳「はい。コロナ禍ではオンライン開催でしたが、今後はリアルも織り交ぜながら4コースで段階を踏んで学んでいくスタイルです。延べ人数になりますが、すでに1700人の参加をいただいています」

山岸「そんなに! ブルーベリーの観光農園とい

うのが最大の特徴だと思いますが、畔柳さんならではの教えもあるのでしょうか？」

畔柳「農業の講演って、ほとんどは想いを伝えるだけの講演になりがちです。しかし、私は数字をたくさん出します。私のデンソー時代は、世界のどこに工場をつくり展開していくべきかを常に検討していたので、事業計画書もすぐに作れます。

面白いなと思うのですが、アンケートを取るとブルーベリーの栽培法ではなく、事業計画書の作り方が好評です。おそらく事業計画書を作ったことがないからだと思います。

私から言わせれば、事業計画書もないのに起業するほうがリスクです。資金がいつ尽きるかわからないですから」

山岸「農業をやろうという人は、情熱が強いと思いますが……」

畔柳「想いだけでなく数字への落とし込みも必要です」

山岸「なるほど。農起業したい人に対してメッセージをいただけますか？」

畔柳「ほとんどの人は、自分の能力の10～20％しか発揮せずに生きていると思うんです。私もそうだったのですが、〝どうせ自分なんて〟と考えてしまう人も多い。

でも、自分がやりたいことや好きなことを始めると、楽しくて時間を忘れて没頭します。いわば、自分の中の眠っていた潜在能力が目覚めた状態です。

100％は難しいかもしれないですが、70～

80%まで出せたとしたら、その人は大きく変わります。事業もうまくいくようになるし、自分らしく生きられるようになるはず。私自身がそれを体験しています。今の仕事に限界を感じるのであれば、勇気を持って一歩踏み出してみてはいかがでしょうか」

山岸「ありがとうございます。今後、ブルーベリー農園はどういう事業展開をされますか？」

畔柳「現状は夏の2カ月半程度しかやっていないのですが、これを年間で稼働できるよう新たな試みに取り組んでいるところです。まだ準備期間でくわしくはお話しできませんが、日本に一つしかないと思うので、絶対ヒットすると考えています」

山岸「それは楽しみです！」

成功のヒント　「ブルーベリーファームおかざき」畔柳茂樹氏

美味しい農作物をつくるだけでなく
その先を見据えた農起業

畔柳さんは、農家だった実家のやり方を一切引き継がずに自分の力で全く新しい農業をつくりあげたのが特徴です。20年間の会社勤めをしたのち、「やりたいことに注力したい」と脱サラして農家に。今では、素晴らしい仕組みを構築し、団体客を入れない、インバウンドにも頼らない「観光農園」を運営しています。ブルーベリーを選んだのも、観光農園にしたのも、すべて徹底した戦略に基づいており、そうしたマーケティング力を生かした、従来の農家にはなかった方法を採用しています。まさに「農業における意識を根底から覆した」といっても過言ではないでしょう。くわえて、農家になりたい人に向けて情報発信やサポートする活動もされています。

庭先の空き地でショップ展開を応援

プラ株式会社　谷野祐司氏

築50年の借家をリノベーション！

山岸「谷野さんは静岡県の浜松市で建築の仕事をされていますね」

谷野「以前はまったくの異業種でして、まず東京で雑誌の編集制作を行う会社に就職。その後ラッピングメーカーにて販売促進やショップのプランニング業務を担当し、全国を飛び回っていました。

　その後、家庭の事情で浜松の実家に戻ることになりまして……。そこで建築に興味を持ち輸入住宅の建築に始まり、最終的にはスズキハウスという、スズキ自動車の住宅の子会社で商品企画、販売促進を行っていました。

　独立したのは40歳を過ぎてからで、以降は注文住宅や店舗の新築、もしくはリノベーションを行っています」

山岸「今のような起業・開業支援をされるようになったのは？」

谷野「建築の仕事をしながら〝小さな会社ながら何ができるか？〟ということを模索してきたなか

で、8年ほど前から〝借家プロジェクト〟を考えつきました。きっかけは自分のオフィスです。

都内では見かけることはありませんが、地方都市では築50年を超える35平米ほどの平屋の借家が何棟も連なっています。

そういった古い物件をリノベーションして住居やお店、工房として貸し出すことを始めました。私が企画する〝ワンディカフェ〟もその一環で続けています」

山岸「ワンディカフェは定期開催されているのですか？」

谷野「年2回、土曜日に私のオフィスで開催して7年目になります。カフェなのでコーヒーや紅茶などの飲み物と焼き菓子などのスイーツ、さらにはパン屋さんが来てくださることもあります。

それ以外に雑貨店も出店します。老舗のお店もありますが〝いずれはお店を開きたいけれど、まずは自分の腕試しをしたい〟といった理由でイベント出店されている方も多いです。
　コロナ禍で1年半ほど休んでいたのですが、2022年より再開しています。売上が目的ではないので出店料などは全くいただいておりません」

山岸「では、何を目的にされているのでしょうか？」

谷野「当社を知っていただきたい想いもあるのですが、そこに集まるお店や、そうした空間が好きな人とのコミュニケーションを目的に活動しています。
　ワンディカフェに出店いただくと、だいたい皆さんSNSでシェアされます。コロナ禍で3回お休みしたのですが、オフィスの外にテーブルを出してタープを貼り、密を避ける形で再開していました。
　来場されるのはだいたい40～50組、多いときは70組で150～170名がお越しになります」

山岸「それはすごいです！」

谷野「ワンディカフェの当日は、仕事というより友人としゃべっているイメージです。SNSで見てくださっているので気軽に話しかけてくださります。出店いただいたお客様からお店のリノベーションや、新築で小さなお店を建てたいなどのお話しをいただくこともあります」

山岸「結果的に集客にもつながっているのですね！」

図表3－3

ワンディカフェの運営と目的

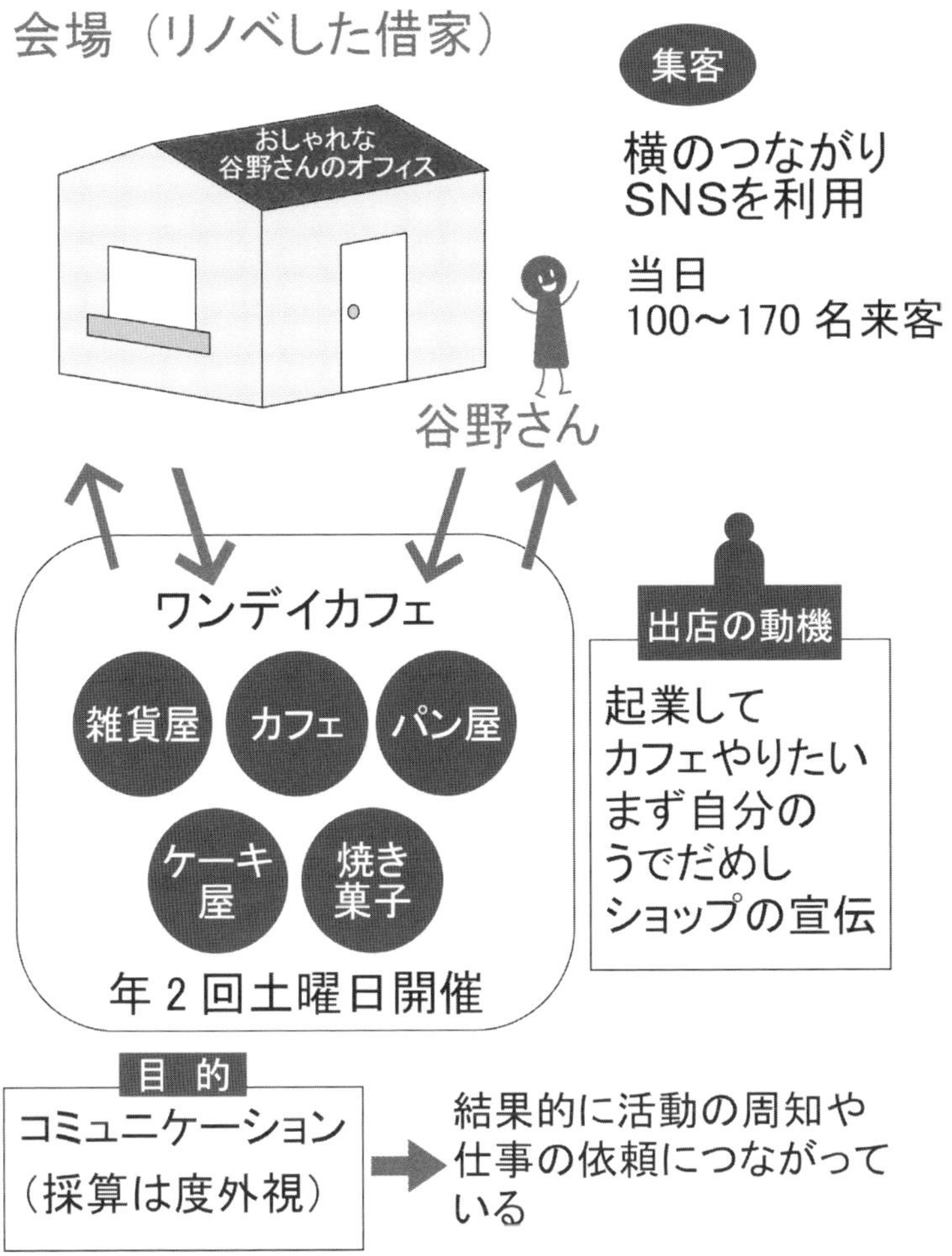
会場（リノベした借家）
おしゃれな
谷野さんのオフィス
集客
横のつながり
SNSを利用
当日
100～170 名来客
谷野さん
ワンデイカフェ
雑貨屋
カフェ
パン屋
ケーキ屋
焼き菓子
年2回土曜日開催
出店の動機
起業して
カフェやりたい
まず自分の
うでだめし
ショップの宣伝
目的
コミュニケーション
（採算は度外視）
結果的に活動の周知や
仕事の依頼につながっている

現場見学会では成約にいたらない

谷野「かつては通常の工務店のように現場見学会がメインの集客をしていました。しかし、個性的なチラシを作成したり広告を打ったりして現場見学会で集客できても、なかなか成約までに結びつかない問題があります。営業ありきでは、お客様の気持ちがサッと引いてしまいますから」

山岸「そこでワンディカフェによるファーストコンタクトで、自社の特徴を知ってもらうのですね」

谷野「はい。そもそもカフェなので、ウチを建築会社だと思っていません。ワンディカフェには懇意にしている金融機関もよく来てくださるので、〝谷野さん、これだけ集客しているのならアンケートをとりましょう〟とご提案いただきますが、そこだけはお断りしています。

カフェにいらしているのに、アンケートをとったら嫌な気分を持たれてしまいかねません」

山岸「なるほど。売り込みではないのですね」

谷野「アットホームな環境で〝友人のようにお客様といろいろお話しができたほうが良い〟、といった発想です」

起業・開業のネックとなるのは家賃

山岸「そもそも、なぜ築古の借家を自社オフィスにすることになったのでしょうか？」

図表3－4

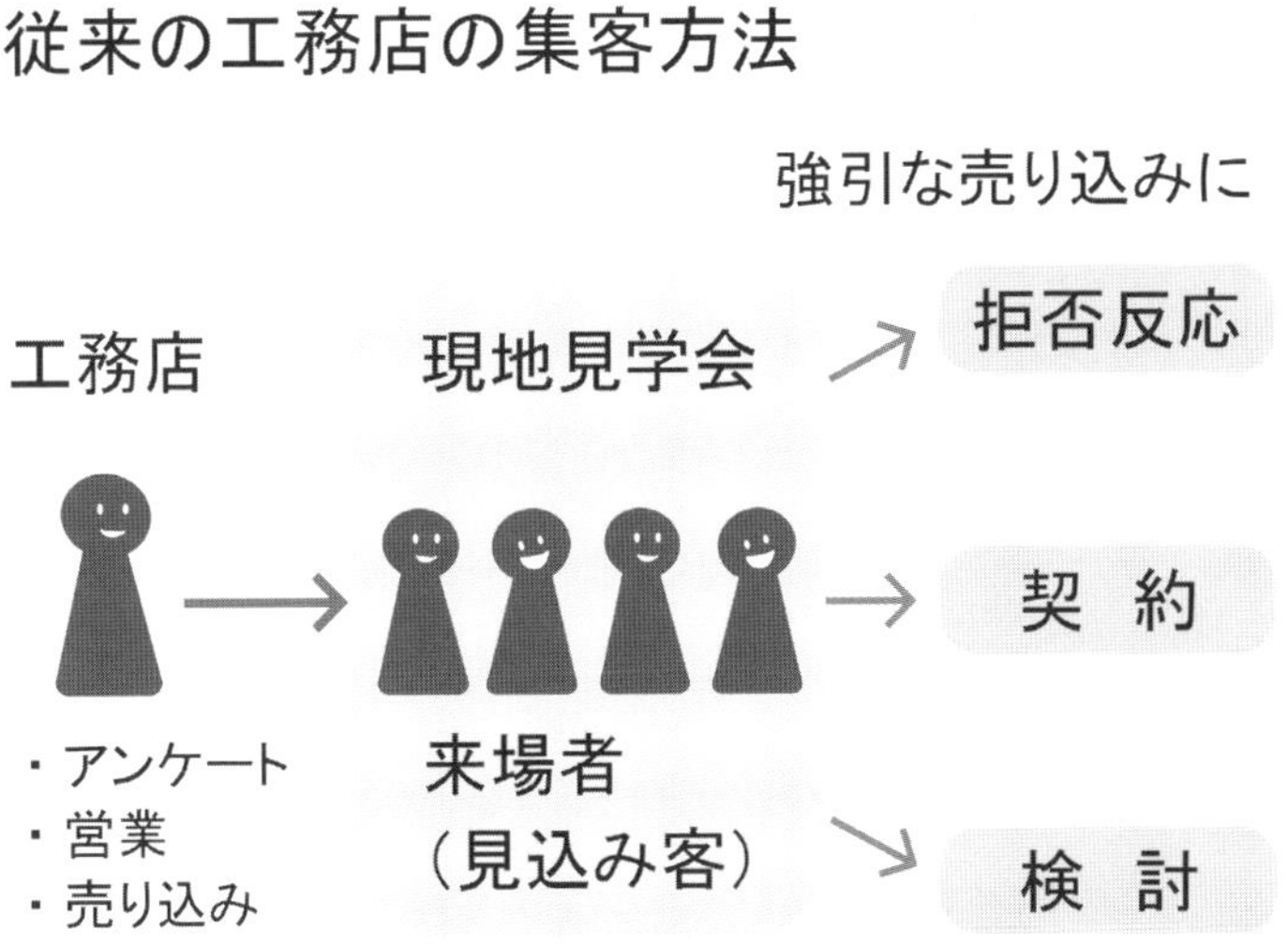

谷野「この借家は静岡県の浜松市で駅から車で5分程度、賃貸でも1LDKや2DKで7～8万円の家賃が十分に入居者が付く立地です。

ただ、築50年近く経ち修繕をしていない状態では、たとえ家賃2万3000円で募集しても入居が付きませんでした。

当時の私は独立したばかりで事務所を探していました。1階のテナントで店の前に車が2～3台停められるところだと、安くても家賃8～9万円。高いと15～20万円にもなります」

山岸「起業したばかりでは負担になりますね……」

谷野「そういうことを考えたとき、私は借家を事務所にしても面白いと思いました。大家さんと話しをして工事費の一部をご負担してもらいながらリノベーションしました。

手前を自社オフィス、同じ敷地に建つ2軒の借家もリノベーションしたところ、SNSだけで1カ月に22組も見学にいらっしゃいました。それで約1カ月で入居が決まったのです。

結局、2万3000円の家賃が6万円になりました。うちのオフィスの奥にある2棟もリノベして10年になりますが、誰も出る気配はありません」

山岸「素晴らしいですね！」

谷野「湖西市に16棟並んでいる借家ヴィレッジも私が手がけました。一定数のファンがいて、定着率は非常に高いです。ただし平屋で上に積めないこともあり、利回りが高いわけではありません。

よく私たちが言うのですが、2階建てアパートの外壁を塗り直して外階段も直すとなると100万円以上、場合によっては250万円程度かかります。しかし、小ぶりな借家の外回りなら足場もかからず数十万円ですべて塗れます」

山岸「収益性はそこまで高くないけれど、稼働率が高く維持ができて、運営のコストはかかりにくいのですか？」

谷野「はい。これから先を見越して、できるだけ不安材料やリスクを減らすよう、みんなで知恵を絞ることが求められると思います。

とはいえ、残念ながら借家プロジェクトも圧倒的な広がりを見せているわけではありません。リノベした借家に住んでみたい人は、1回募集すると何十組も集まるくらい大勢いらっしゃいます。

ただし私たちのPR力が弱いこともあり、まだまだオーナーさんに理解をいただけていないのは

WELCOME
JEWELRY SHOP

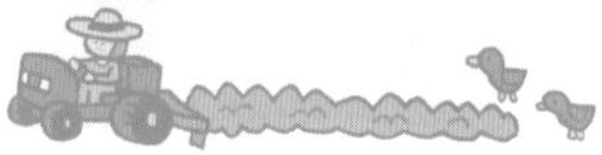

事実です」

山岸「割と最近まで、不動産投資は高利回りであることが正解といわれていたと思うのですが、その中間で空き家を楽しく活用されているオーナーさんも増えています。

　そういう方々にもっとフォーカスして、空き家や空き土地、賃貸物件とのかかわり方の多様性を伝えていきたいです」

谷野「借家プロジェクトも同じで、せっかく今まで持っていたものを潰すか生かすか、相続を含めてどうするのかで選択肢を広げていけたらと思います」

図表３－５

ショップ開業のニーズと現実

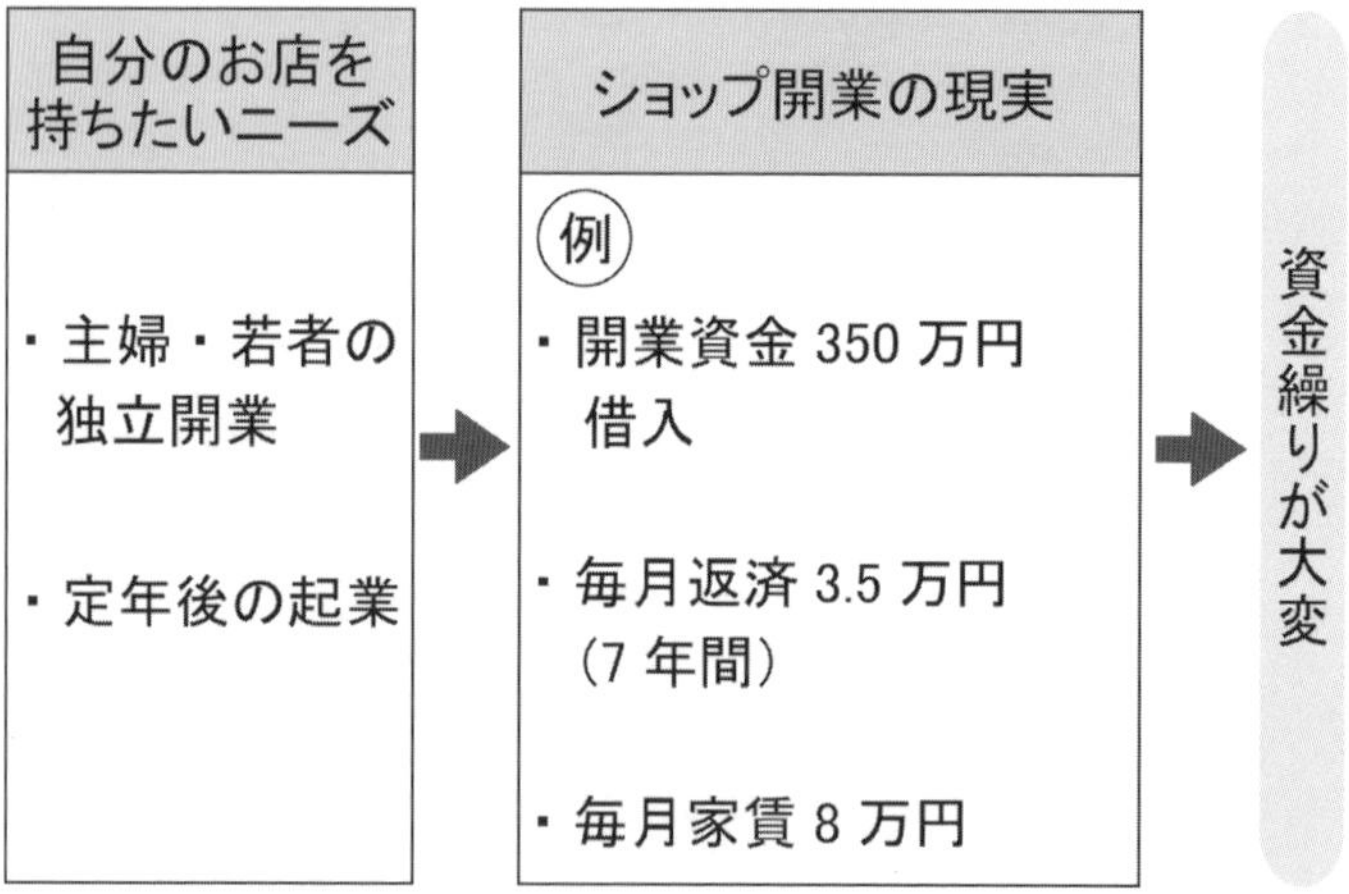

自分のお店を持ちたいニーズ
・主婦・若者の独立開業
・定年後の起業
ショップ開業の現実
例
・開業資金 350 万円借入
・毎月返済 3.5 万円（7 年間）
・毎月家賃 8 万円
資金繰りが大変

小さなお店を庭先につくる

谷野「今後、日本がどんどん良くなって成長すると考えている人は少ないでしょう。特に今の20代、30代の人たちは生まれたときから不景気です。
昔のように偏差値の高い学校を出て、一流企業に入って終身雇用で勤め上げる人生の選択肢は減っていきます。この先を考えたときにどうすべきか悩んでいる人がたくさんいるはずです」

山岸「そのとおりだと思います」

谷野「空き家問題も根っこは同じです。子どもが成長して実家を出て行けば、いつかは夫婦2人だけになります。そして老後の年金問題があります。
そうなれば自宅の空きスペースを活かして、歳

をとりながらでもできる副業として小さなお店が開けないか。あるいは今働いている世代でも、子育てで家庭に入った主婦が自分の特技を生かした小さな商売ができないかを検討されるケースもあります。
　そういったことを考えて実践する人は、これからたくさん出てくると思います。ＳＮＳが発達した今は、表通りではなく裏通りの住宅地であっても、離れた郊外であっても集客ができますから」

山岸「小さなお店プロジェクトですね！　三角屋根が印象的な小さな店舗です」

谷野「はい。私のもう一つの提案が、お話ししてくださった小さな店舗〝エスコア〟です。商工会議所や起業支援センター、信用金庫、地銀など皆さんおっしゃるのは、この５年で起業したい人が右肩上がりで増えているということです。
　自分のビジネスを立ち上げたいとなったとき、事業資金として仮に３００万円の融資を受けたとします。借りた店舗のリノベーションを行い、自分の店をオープンするとしても工事費の返済がまず発生します。
　約７年の事業ローンで３００万円であれば、毎月３万７０００円前後の返済です。そのうえに、たった今高騰している光熱費、さらに毎月の家賃があります」

山岸「大変ですね……」

谷野「先ほどお伝えしたように浜松のローカルエリアでも、一般のテナントだとまとまった経費が必要で、始めたばかりのお店には負担です。
　そこで、考えられる方法に庭先の一角など〝家

賃のかからない自己資産の有効活用〃があります。小さな店舗〝エスコア〃は業種によってあらゆるアレンジが可能です。工場でつくるため庭先に置いて開業できます」

山岸「なるほど」

谷野「例としては惣菜店に勤めていた方が、自宅で惣菜のテイクアウトやケータリングのお店を開業しました。あとは2022年、埼玉に設置させていただいたエスコアのパン屋さんがあります。

その他にも静岡県や大阪府では、エスコアの小さなスペースの中に厨房を入れて、菓子製造業の許可も取ったうえで焼き菓子のお店やピザ工房をオープンされています」

山岸「コロナ禍に伸びそうな業態ですね！」

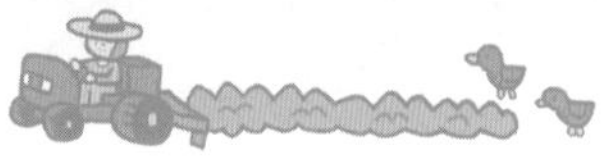

谷野「はい。コロナ禍には庭先の店舗だけでなく、オフィスの問い合わせも増えました。エスコアはただの箱ではなく、用途に合わせた機能性を持たせることができます。

　ただし満たすべき要件もあります。お店やオフィスなど……新築建物は10平米以内でも確認申請が必要ですし、飲食店で厨房を備える場合、保健所や消防に申請が必要です。

　とくに菓子製造業のハードルが高く、たとえばイートインスペースと、菓子製造業の厨房が同じスペースにあるのはNGです」

山岸「エスコアでパンやお菓子を焼く場合、近くにベンチが置いてあれば食べるのはＯＫですか？」

谷野「大丈夫です。カフェの場合ではエスコアを2棟設置して、厨房の建物とイートインの建物に分けたケースもあります。

　飲食業であれば厨房メーカーのホシザキ東海さんと提携しているので、エスコアのサイズに合わせた提案が可能です。厨房のプランだけでなく、メニューやレシピをまとめた資料をお渡ししています」

山岸「楽しそうですね！　用途に合わせたエスコアのプランニングにもかかわっていただけるのですか？」

谷野「もちろんです！」

山岸「コロナ禍ではウッドショック、最近では原油高騰により物価高がありますが、その影響は？」

谷野「それは大きいです。資材の高騰で以前より30%ほど価格が上がりました。ただし商品を工夫してバリエーションを増やして対応できるようになっています。具体的には特徴的な三角屋根のほか、平らな屋根のコンテナタイプなどローコスト型も開発しました。

　現在、さらにコストダウンも含み鉄骨のプレパブ商品も開発中です。一番のメリットは輸送コストの圧縮です。

　三角屋根のエスコアはできたものをユニットして運ぶと本体と屋根でトラックが2台必要ですが、鉄骨のプレハブ商品なら他の荷物と混載したトラックで運べます」

山岸「輸送コストが半分以下になるのは助かります！」

谷野「鉄骨プレハブは現地にて6〜7時間という短時間で組み立てられるのも魅力です。おかげさまで都市部のお客様から多数のお問い合わせをいただきますが、道が狭かったり庭先に電線などの障害物があったりして、入らないというケースがありました。

　それが現地組み立てであれば軽トラで運べて手運びができるので、都市部の狭い道でも問題ありません」

山岸「都会と地方、どちらにも対応できるということですね」

谷野「はい。住宅の縮小版というイメージで、断熱性能も含めて居住性の高い木造タイプ。何度も移設が可能で、部材として転売も考えられる……それが便利な鉄骨タイプです。

図表3－6

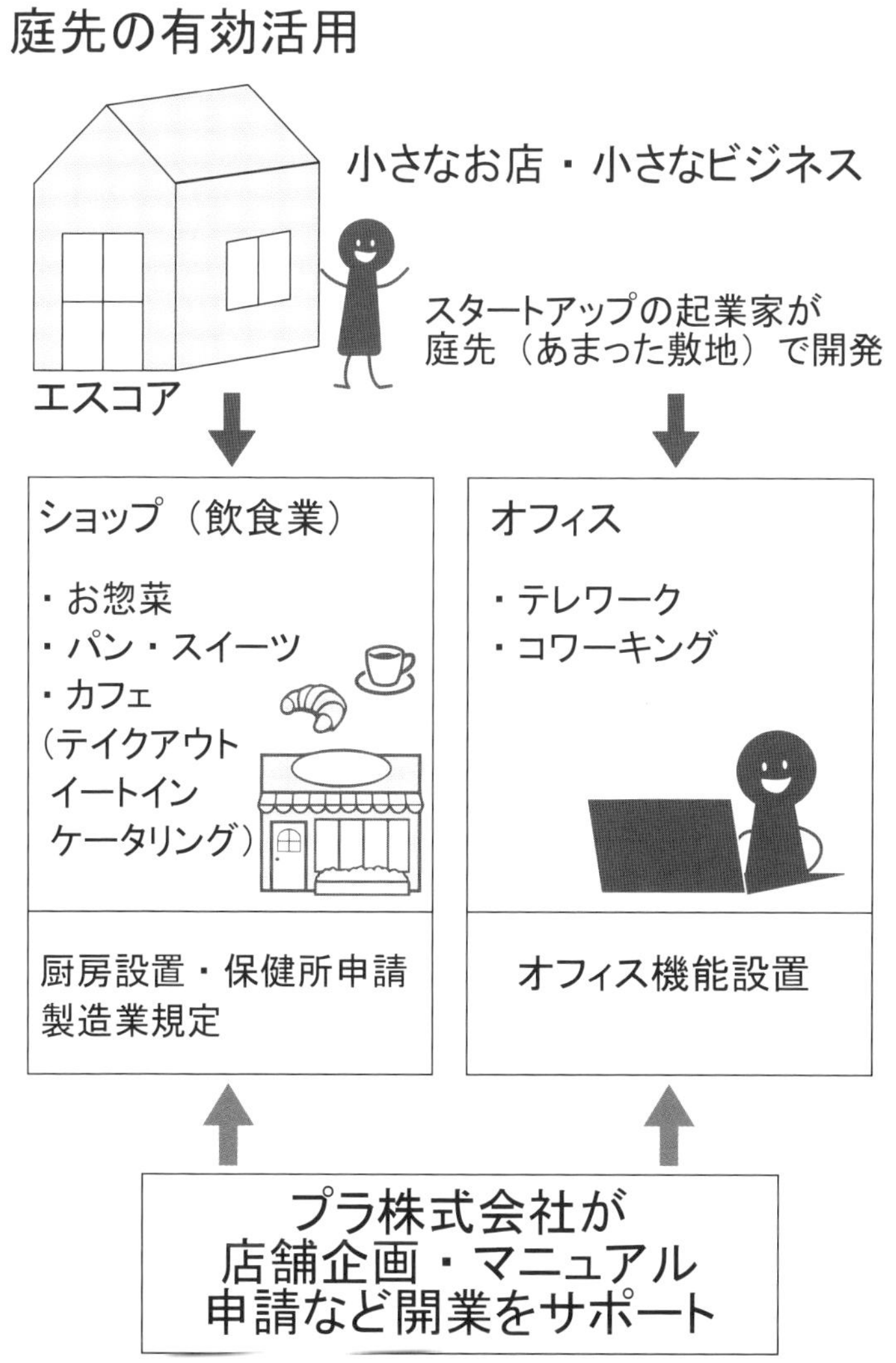
庭先の有効活用
小さなお店・小さなビジネス
エスコア
スタートアップの起業家が
庭先（あまった敷地）で開発
ショップ（飲食業）
・お惣菜
・パン・スイーツ
・カフェ
（テイクアウト
イートイン
ケータリング）
厨房設置・保健所申請
製造業規定
オフィス
・テレワーク
・コワーキング
オフィス機能設置
プラ株式会社が
店舗企画・マニュアル
申請など開業をサポート

このようにお客様のニーズによってバリエーションを広げ、さらにはご希望に応じたカスタムにもお応えしています」

山岸「用途に応じてタイプを選べるのですか？」

谷野「はい。くわえて起業・開業にあたり、頼りになるのは地域密着の信用金庫です。信金中央金庫からご協力いただき、事業計画も含めて支援する体制を築いています」

山岸「金融機関の協力は心強いです！」

谷野「このエスコアを販売するにあたり、プラットフォームとして、私が以前勤めていたスズキハウスさんの営業所が9カ所、それから販売店さんが30カ所で、全国計39カ所の販売拠点があります。ですから、お客様に一番近いスズキハウスの販売拠点と、その最寄りの信金をそれぞれご紹介することができます」

小さなお店プロジェクトのネットワーク構築

谷野「今後、エスコアを広げていくなかで大切になるのは、借家プロジェクトやワンディカフェなどの延長で、買ってくださった人たちのネットワークです。

エスコアで開業や起業いただいている店舗やオフィスが10件以上になったこともあり、オンラインの勉強会や意見交換を行っています。

飲食で人気があるのはベーカリーやスイーツのショップですが、リアル店舗での販売だけでなく卸先を見つけるのも課題です。

図表3－7

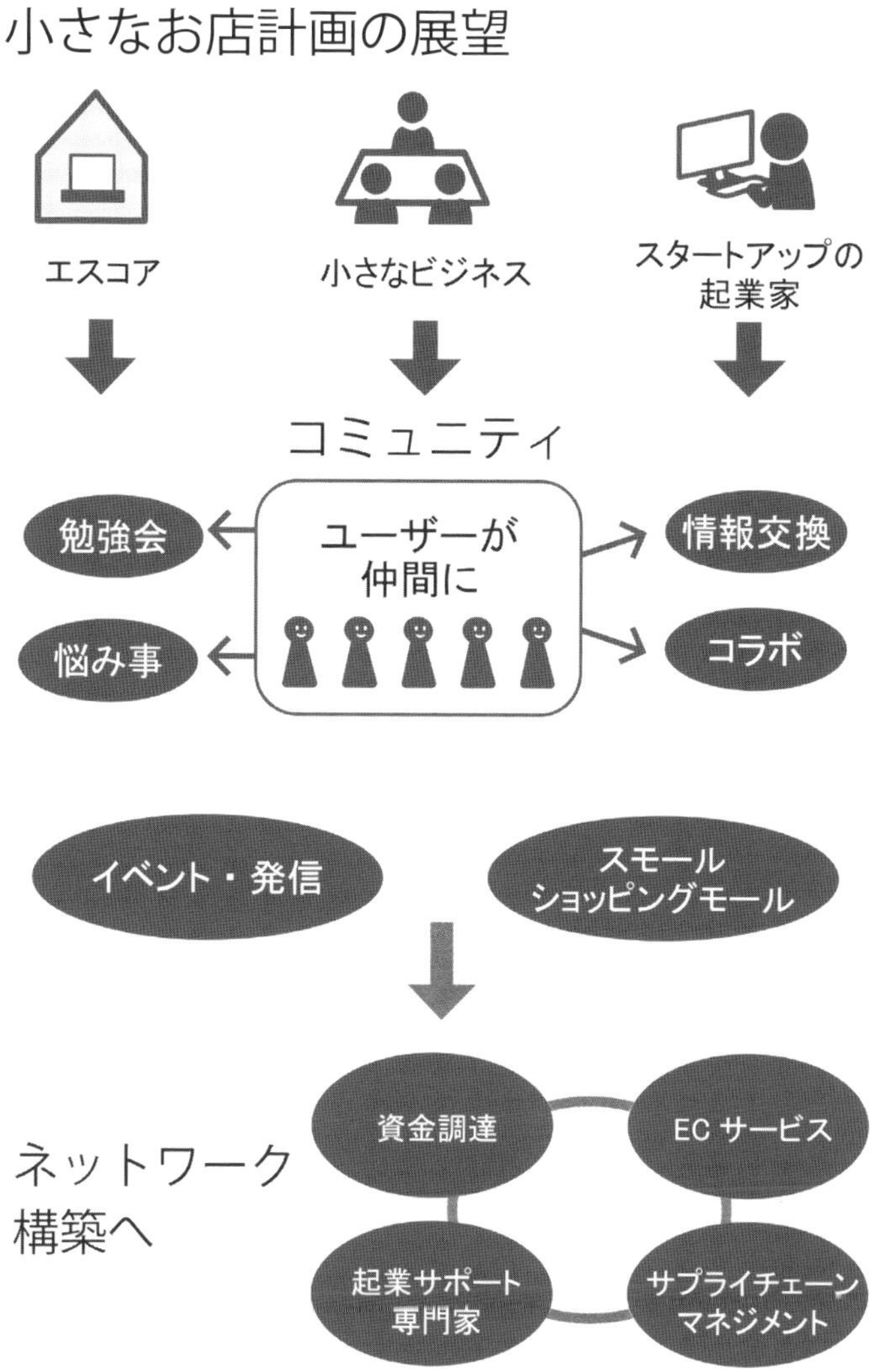

小さなお店計画の展望
エスコア
小さなビジネス
スタートアップの
起業家
コミュニティ
勉強会
ユーザーが
仲間に
情報交換
悩み事
コラボ
イベント・発信
スモール
ショッピングモール
ネットワーク
構築へ
資金調達
EC サービス
起業サポート
専門家
サプライチェーン
マネジメント

勉強会をしている中で、パン屋さんがラスクを開発してカフェに卸す。また総菜屋さんのハンバーグとパン屋さんのパンでハンバーガーをつくるなど、お互いに商品をシェアできないかなどもアイデアを出し合って検討しています」

山岸「ネットワーク化とは、いろんな人たちとつながっていくことですか？」

谷野「はい。みんなでノウハウなど情報を共有できるようなネットワークが構築できればと思います。２０２３年からホームページやＹｏｕＴｕｂｅ動画を自社で制作する体制を整えました。

年に一度くらいエスコアをご使用のお客様のもとにおじゃまして、お店を開くまでの経緯やそれまでのご苦労、エスコアを使ってのご意見などを取材させていただき、庭先でのビジネスコンセプトを視聴者の皆さんにお伝えしています。同時に、頑張っている経営者さんの一助になればと考えています」

山岸「動画で経験談やお店の様子をお伝えするというのはわかりやすいですね。最後に谷野さんの展望をお聞かせください」

谷野「今後は、より広範囲で取り組みを進めていけるように、全国で施工店さんを募集中です。また建築にこだわらず、さまざまな人たちといろいろな知恵を絞っていきながら、小さなお店やビジネスを応援していきたいです」

山岸「素晴らしい取り組みです。ありがとうございました！」

成功のヒント　プラ株式会社　谷野祐司氏

庭先スペースを収益に変える発想から小さなお店プロジェクトが実現

谷野さんは、住宅や店舗に関わる建築の仕事をしています。特徴的なのは、ビジネスのスタートアップを徹底的にサポートする「ソフト面」でのアプローチです。庭先で開業する小さなお店に対して、店舗設計だけでなく、事業計画から資金調達、お店のコンセプトづくり。また、オープン後のフォローまでを行っているのがほかにはない特徴です。どんな事業を始める場合にも、資金は必要だと知っているからこそ「ただ建てる」「ただ直す」の「ハード面」だけでなく、豊富なアイディアで付加価値を見出し、お客様が成功できる方向性まで提案されます。本来であれば「営業して仕事をいただく」のが普通の業界ですが、お客様から選ばれる、喜ばれる仕事をされています。

WINERY

第4章

地域活性と不動産の利活用

廃業寸前の老舗菓子店をSNSの力で蘇らせる

「元祖鯱もなか本店」古田憲司氏

山岸「お土産用のお菓子ということですか？」

古田「そうです。明治40年創業の歴史ある店ですが廃業寸前でした。というのも妻の父である3代目店主が高齢になり、新型コロナ感染症の影響で売上が激減したことも重なり、2020年末に廃業する予定だったのです」

山岸「後継者がいなかったのですか？」

古田「菓子製造業は不安定な上にきつい仕事ですから、子どもたちに継がせたくないと考えていた

廃業寸前の老舗菓子店を継いだ理由とは？

山岸「古田さんとは不動産事業で面識がありましたが、今は老舗菓子店を経営されているのですよね？」

古田「はい。名古屋の『元祖 鯱もなか本店』といいます。名古屋城の天守閣上の〝金のしゃちほこ〟をモチーフとした『元祖 鯱もなか』をはじめ、和菓子・洋菓子・季節のお菓子などを製造販売しています」

ようです。私もずっと会社勤めをしており、妻は長女ではありますが、専業主婦で菓子製造についてはまったくの門外漢でした」

山岸「それがなぜ継ぐことになったのですか？」

古田「きっかけはコロナ禍です。名古屋土産として販売されていたため、人の流れが止まってからは大量に商品が売れ残りました。山のような在庫をかかえ激減する売上……食品ですから賞味期限もあります。

　そんな状況を見かねた私がたまたま見つけたＦａｃｅｂｏｏｋのコロナ支援グループに商品を出品したところ、全国から２００件以上の注文が入りました」

山岸「私もそのようなサイトで商品購入をしたこ

とがあります」

古田「そのサイトでは店主のメッセージを掲載できましたので、義父の代わりに〝原材料を廃棄するしかない〟という窮状を伝えたところ、多くの応援メッセージをいただきました。

それまでは、土産物屋に商品を卸して販売してもらうスタイルで、お客様の声を聞いたことがありませんでした。それが、お客様から直接〝美味しいお菓子を守って〟〝歴史を残して欲しい〟というお声がけをいただいたのです。

メールやSNSのメッセージで、これまで聞くことがなかった声を知ったとき、お店をつぶしてはいけないと思いました」

山岸「たしかに歴史ある菓子店をなくすのは惜しいです……」

古田「はい。私たち夫婦は、皆さまに愛されてきたお店を守りたい気持ちが大きくなり、店を継ぐ決意をしました。具体的には、専業主婦だった3代目店主の長女である妻が、2021年8月に4代目社長に就任しました。私は専務です」

山岸「大きな決断をされたのですね。その段階でビジョンはあったのですか？」

古田「商品には自信がありました。創業して116年、長らく皆さまに愛されている味であり、自信を持っているお菓子です。しかし、売れる確信はあっても、どうすれば売れるのかわかりませんでした。

また、これまで先代と従業員がしていたことを、素人である私たち夫婦だけで行うのは難しく、先代に現場を手伝ってもらいながら、スタッフを雇

図表4－1

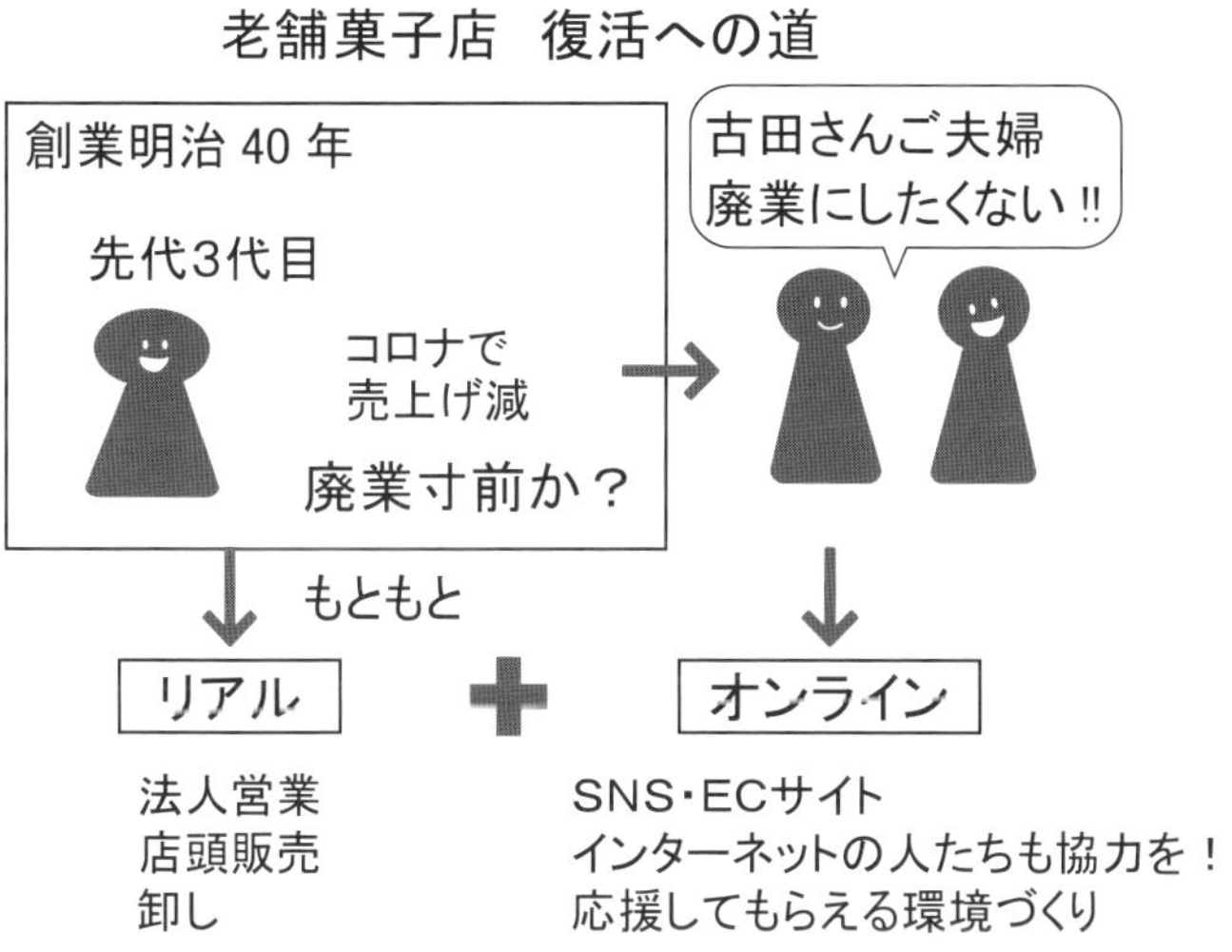

い入れました。まずそうした新体制づくりから始めていきました」

山岸「伝統の味を継ぐわけですから、それだけでも大変な仕事です」

古田「さらに作って終わりではありません。とにかく売らなければ。そこで、SNSで発信をし、営業もすれば配達も行い、店頭にも立つという、それこそ私にできることは何でもしました。

　かつては会社員として法人営業をしていましたし、その後、不動産業での独立をしています。菓子製造業はまったく別業種ではありますが、今までやってきた〝売上をつくる〟ところを活かす努力をしました。そうしたなかで、Twitterによる情報発信が身を結びました」

山岸「いわゆる〝バズった〟ということですか？」

古田「はい。廃業寸前の老舗菓子店が復活に向けて必死で努力している姿を、ネットニュースからはじまり、テレビやラジオ、新聞といったマスコミに取り上げていただきました」

SNSは〝向こう側にいる人〟へ情報を届ける手段

山岸「古田さんはSNSの活用において、短期で非常に大きな結果を出されています」

古田「SNSは一方通行ではありません。私が向かっているのはスマホだったりパソコンだったりしますが、その向こう側に人がいます。

　その影響力を実感しています。以前は、キヨス

クなど限られた場所でしか販売できませんでした。ところが今はインターネットの向こう側の人たちが力を貸してくれます。

アイドルやインフルエンサー、マスコミなどもいますが、その多くはごくごく普通の人たちです。この人たちにどうやって訴えていくかというところを常に考えています」

山岸「一方的に情報を流すのではなくて、情報の受け手に対してどうアプローチすべきか考えることで、より影響力を持つのですか？」

古田「そこまで戦略的に考えているわけではなく、自分の発信がチャンスにつながり、さらに縁をつなぎ、とんでもなく大きなパワーになっていると感じています。

これまで自分にとってたくさんの奇跡が起きて

図表４－２

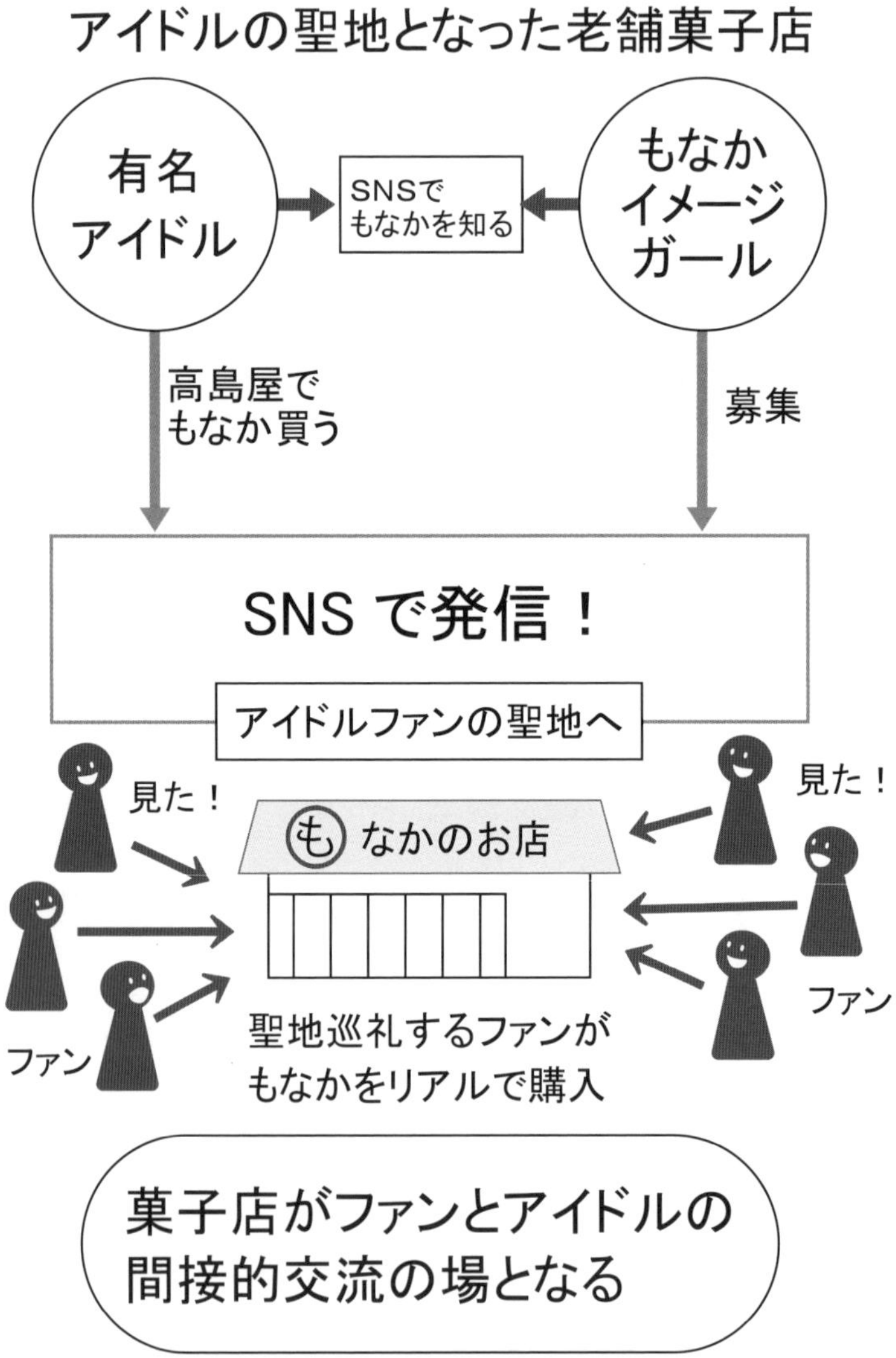
アイドルの聖地となった老舗菓子店
有名
アイドル
SNSで
もなかを知る
もなか
イメージ
ガール
高島屋で
もなか買う
募集
SNS で発信！
アイドルファンの聖地へ
見た！
見た！
も なかのお店
ファン
ファン
聖地巡礼するファンが
もなかをリアルで購入
菓子店がファンとアイドルの
間接的交流の場となる

いるのですが、その一例をあげると、アイドルとのコラボがあります。2022年、ライブ配信サービス『SHOWROOM』にて、当店のイメージガールを募集するイベントを行いました。ライバーやご当地アイドルなどにご参加いただいたのですが、このイベントをきっかけにさまざまな展開が生まれました。

結果的にSKE48の中坂美祐さんとSNS上でつながりを持つことができたのです。相互フォローをする関係になり、そこから彼女のファンが当店を〝聖地〟にしてくれました」

山岸「アイドルの〝聖地〟ですか？」

古田「今、若い人の間で〝推し活〟が定着していることをご存じですか？

推しているアイドルやアニメやゲームのキャラクターなどを愛でたり応援したりする活動のことです。昔は少しマニアックなイメージがあったのですが、今はごく普通の趣味になっています。

この推し活の一環として聖地巡礼があります。アニメの聖地巡礼であれば、アニメ作品のロケ地やその作品・作者に関連する土地など。アイドルの聖地巡礼は、アイドルの出身地、出演した番組やMVのロケ地など、アイドルゆかりの地を巡ることをいいます」

山岸「つまり、お店がアイドルの聖地になって、ファンが聖地巡礼……お客様として来店されるということですね！」

古田「そのとおりです。興味深いのはファンがアイドルのグッズを当店に届けてくれます。私たちはお客様との交流をSNSにアップしていますので、いただきものがあれば、お礼を兼ねてＳＮＳに投稿します。

するとアイドルご本人が当店の投稿に対して、〝いいね〟をしてくれることもあります。〝いいね〟とは、好意・同意・共感などを示す機能です。つまり、聖地巡礼の結果、推しからの〝いいね〟が当店を介してファンの方に届いているのです」

山岸「それはうれしいでしょうね。アイドルがファン一人ひとりと直接交流できないけれど、元祖鯱もなか本店があることで、聖地巡礼やＳＮＳ上といった形で交流を楽しめるわけですね！」

藤井聡太名人のおやつに選ばれる！

古田「その他にも、愛知県出身のアイドルグループ『ＴＥＡＭ ＳＨＡＣＨＩ』さんとコラボをしていただきました。

当店のある大須の万松寺で行われた棋聖戦第四局では、藤井聡太名人（当時は五冠）がおやつに鯱もなかを選んでくださいました。

さらに２０２３年の春にはバンダイナムコエンターテインメントが展開する『アイドルマスターミリオンライブ！』とのコラボ商品が発売され、あっという間に売り切れとなりました」

山岸「創業１００年を超える老舗の菓子店さんでありながら、積極的にＳＮＳを活用する姿勢がギャップであり、それがインパクトになっています。

そこに至るまでたくさんの努力を積み重ねたと察します。また長年、愛されてきたお菓子が、若い人たちの元へＳＮＳを通じて届けられているのが印象的です」

古田「ありがとうございます！」

山間の空き家と外国人コミュニティをつなぐ

山岸「ここからは、古田さんがお店を継ぐ前にされていた不動産業についてお話をお聞きします」

古田「はい。会社勤めから不動産業で独立しまして、主に空き家活用をしていました。現在は積極的に増やすことはしていませんが、いくつかの不動産を賃貸で運営しています」

山岸「お住まいの愛知県ではなく、岐阜県を中心に活動されていたとか？」

古田「はい。私がいくつか所有している不動産のうち、空き家活用をしているのが岐阜県可児（かに）市を中心としたエリアです。

ご縁があり、ブラジル人のファミリーに家を貸し出していました。一番の理由は彼らとつながりを持てたから。外国人には生活困窮者や住宅弱者（経済不安などを理由に部屋を借りられない人）も数多くいて、部屋を貸してほしいという依頼があったのです。

彼らは違法で入国しているわけでもなく、正規で来日しているのですが、家賃や条件が見合わなくてお部屋探しが難しいという現実があります」

山岸「最初から空き家を活用しようと考えていたのですか？」

古田「いいえ、もともとは一棟アパートの賃貸をしていました。アパートに空室が出てなかなか埋まらなかったことがあり、そこでご近所掲示板『ジモティー』に入居募集を載せたところ、ブラジル人のカルロスから問い合わせがあったのです。
　そのときは契約には至らなかったのですが、年齢が近いことから友人になり、知り合いの大家さんを紹介して、そこから住宅情報のやりとりが始まりました」

山岸「なるほど。大家さんによっては言葉の通じない外国人入居者を敬遠する方もいますよね？」

古田「だからこそ、血縁や口コミを頼りにするケースが多いです。ブラジルも日本と同様にＳＮＳでの交流があるので、何かしらのつながりを持った状態で日本に来る人が大半だと思います。
　ブラジル人はキリスト教信者が多く、教会がコミュニティの場として機能しており、地元のブラジル人ネットワークが存在します。そのため、教会の近所に住みたい需要があるわけです」

山岸「そのような仕組みがあるのですね。それにしてもブラジルの方からすると、日本は魅力的なのでしょうか？」

古田「日系の方が多いですから、基本的に日本に親しみを持っています。なにより、ブラジルの治安が不安定であるため、安全な日本で暮らしたいと望んでいるようです。
　岐阜県の可児市は工業地帯で、人口10万人のうち1割近くが外国人。その大多数をブラジル人とフィリピン人が占めています」

山岸「今は外国人入居者を受け入れる家賃保証会社もあります。なぜ住宅弱者が生まれるのですか？　家が足りない事情でも？」

古田「コロナ禍では派遣切りが多く発生し、次の仕事がなかなか見つからず、家賃の支払いが止まってしまうケースもありました。そのため、住むところに困った外国人がたくさんいると聞きました」

山岸「そのような事情があるのですね……」

古田「はい。それで可児市の物件情報をチェックするようにしていたのです。購入したのは築40年程度の空き家です。

たくさんあった残置物をこちらで片づけるという交渉をして割安で取得できました。購入後は入居予定のブラジル人ファミリーと一緒に残置物を片づけて、そのまま住んでもらいました。

その人も派遣切りにあって生活に困っていたので、キレイに修繕して家賃が高くなるよりも、古くても良いから安く入居したいという希望でした」

図表4－3

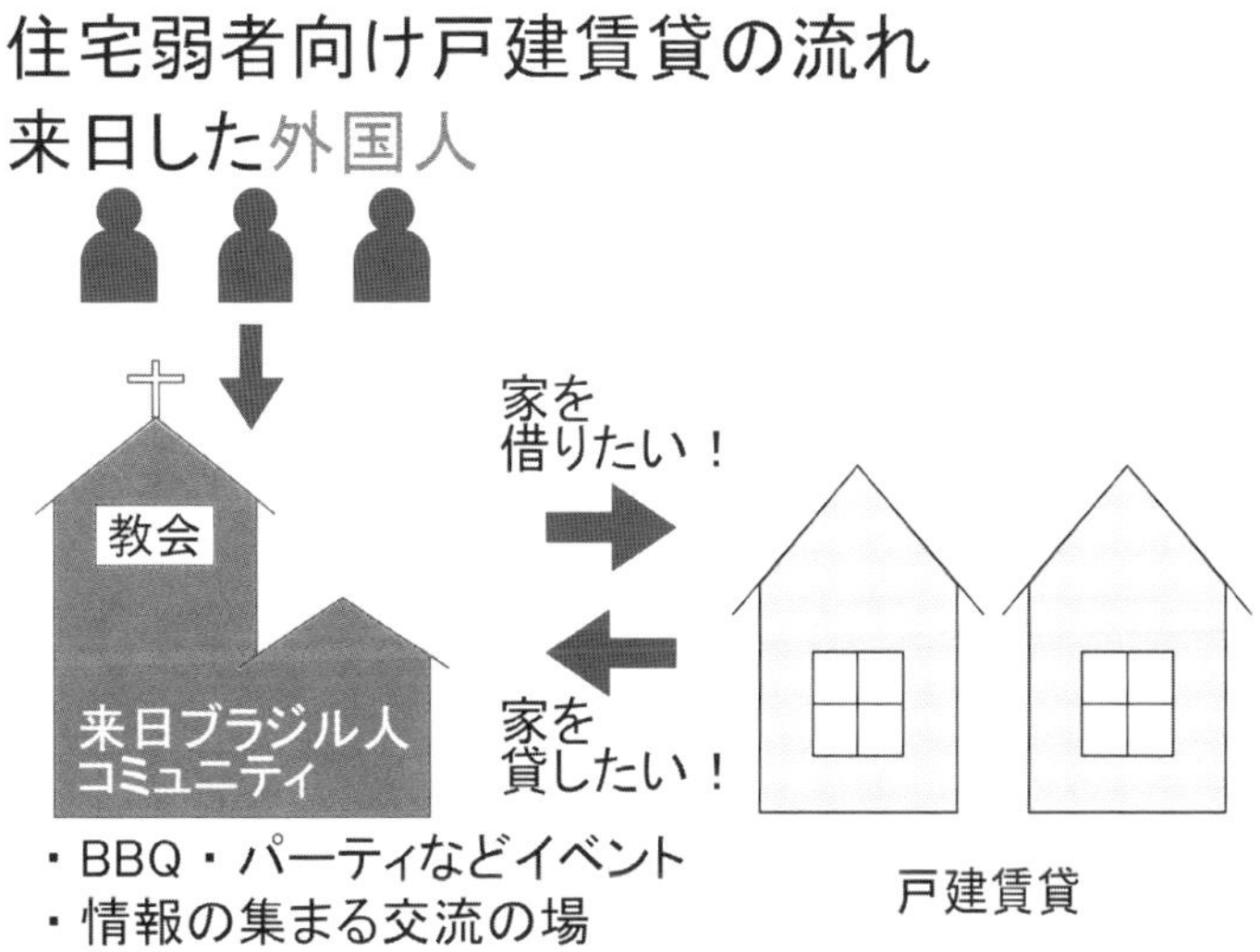

図表4－4

困っている空き家所有者へのアプローチ

空き家
所有者

困っている！

・空き家バンクに登録してもレスポンスがない
・そもそもいらない
（誰も住まない、再建築不可、地方で駐車場なしなどニーズのない家）
・所有している限りコスト（税金）と手間（草刈りなど）がかかる

↑ 安く購入させて欲しい

・空き家所有者を探して直接アプローチ

↓ 感　謝

・買いに来てくれてありがとう
・無料でもらって欲しい etc

不動産
賃貸業者

古田さん
不動産賃貸業者

・空き家の有効活用方法を知っている！

外国人賃貸の注意点

山岸「外国人入居者に部屋を貸すときのポイントはありますか？」

古田「必ず家賃保証会社と契約することで、滞納のリスクを軽減させます。貸家の家賃は月5万円でして、都会からみると安いのですが、じつはそこまで安いわけではありません。

ただし、フリーレント（家賃無料サービス）を2カ月つけるなど、初期費用負担を抑えて住みやすいように工夫しており、入居者さんにすごく喜ばれています。

一般的な地方都市の戸建てを借りるのなら5～6万円は相場でもあるので、外国人入居者に対して初期費用を安くすることで十分に競争力を持ちます」

山岸「入居はしやすいけれど、相場から外れた低い家賃ではないのですね？」

古田「はい。あとブラジル人は家族単位で住むケースが多いのも長く住んでいただけるので良い特徴ですね。単身者が寮のように複数人で住む場合は管理が大変です。

それが家族単位であれば、ほとんど手がかかりません。お子さんがいれば、学校に通うため地域ともつながりを持ちますし、安定して入居してくれるのでオーナーとしてもありがたい存在です。

これは日本人も同様です。いずれにしても、大人数の家族向け物件の供給が少ないから喜んでいただけます。まさにwin-winの関係が築けるわけです」

伝統を守りながら新しい価値を提供したい

山岸「今後はどのような展開を考えていらっしゃいますか？」

古田「やはり『元祖 鯱もなか本店』に力を入れていきたいです。まだ計画段階ですが、コミュニティの場の提供を考えています。

工場と店舗が隣接しているのですが、改修工事をしてイートインスペースを設けて、遠方から来店されるお客様をはじめ、地域の方も巻き込んで、より多くの人がつながれる交流の場にしていきたいです」

山岸「聖地巡礼される方が、お茶を飲みながら皆さんとお話をしながら、お菓子が食べられる場所ですね！」

古田「はい。ちょっとしたイベントも開催できるような場にできたら理想的です。この2年くらい夫婦で無我夢中になってお店の再建に取り組んできました。

そして、店を継ぐことを決意した2020年からすると、考えられないくらい多くの方に当店のお菓子を知っていただくことができました。

今後は伝統を守りながら、かつ今の時代にマッチしたお菓子の味を追求していき、その良さを広げていきたいです。名古屋の定番のお土産菓子に選んでもらえるように精進していきたいと考えています」

山岸「ぜひとも応援します！」

成功のヒント　「元祖鯱もなか本店」古田憲司氏

常識を打ち破る発想力で事業を引き継ぎ大きく育てる

古田さんは自分のハッピーだけでなく、周りもハッピーになる経営の仕組みを創出されています。以前は、不動産業を本業として、空き家の利活用や都心部の貸スペース業などされていましたが、2021年からは菓子店を切り盛りされています。特筆すべき点はビジネスマインドや発信力、行動力があること。「幸運の女神は前髪があって後ろ髪がない」という話でいうと、間違いなく「前髪をつかみにいくタイプ」です。走りながら考えるタイプで、うまくいかなかったら切り替えも速いです。廃業寸前だった店を承継して、これまでのやり方とは一新。SNSを活用したプロモーションが成果を出して、コラボ商品の開発、自社販売の成功。また、デパートへの新規出店も実現されています。

体験から移住、地域とともに宿の魅力を伝える

株式会社いろは　三浦剛士氏

京都で廃工場の利活用事例

三浦「株式会社いろはの代表取締役をしています。宅地建物取引士でもありますし、〝民泊先生〟という名義で民泊のコンサルタントもしていました。そこから派生して不動産仲介、管理会社、及び民泊運営会社、さらにはレンタルスペース、カフェ事業なども手がけています」

山岸「これまでの不動産利活用における実績を教えてください」

三浦「老舗の豆腐工場を活用した旅館業を京都の東寺エリアでしています。その物件は、工場併用住宅でオーナーさんが病気で倒れてしまい、ご商売を続けていくのが困難になりました。
　ちょうどそのタイミングでご縁があり声を掛けてもらったのです。当社で工場改修を行い、旅館業の許可をとったのが2018年です」

山岸「コロナ禍で強い影響を受けた地域ですね？」

三浦「そのとおりです。その他にも、京都は簡易宿泊所（小規模な旅館業）が増えて競争が厳しく

なっています。そこで部屋ごとにテーマを設けて再リフォームしました。
具体的には著名なデザイナーさんにお願いし、部屋にペイントしてもらいました。これを開業して1年も経たないうちに手掛けました」

山岸「それは競合との差別化のためですね？」

三浦「ど派手な部屋もありますし、逆にシンプルな部屋もあります。色だけでなくインテリアデザインの見せ方も大きく変えました。隣でカフェを運営しているので宿泊者も使えますし、レンタルスペースとしても運営しています」

山岸「カフェのレンタルとは、コワーキングスペースとして使うということですか？」

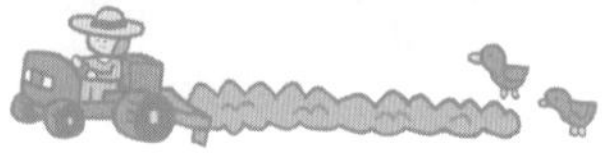

三浦「パーティーなどで使われるほうが多いですし、最近は間借りカフェを始める人も増えています。実際、京都の民泊施設はすべてレンタルスペースとしても併用しているのですが、もっとも多い使われ方が地元の人の〝キッチン利用〟です。飲食店が閉まっていたコロナ禍でも稼働していました」

山岸「キッチンを使ったパーティーの規模はどのくらいですか？」

三浦「最大でも10人程度ですね。ただ、実際は5人くらいの利用が多く、カップル利用のケースもあります。宿泊業の競争が激しくなりましたが、レンタルスペースの競合は少ないです」

山岸「レンタルスペースの集客はどのようにされたのですか？」

三浦「スペースマーケットというサイトを使っています。それ以外にも、インスタベースなどの有名なサイトでも掲載したのですが、一番うまくいったのがスペースマーケットでした」

町内会の推薦を受け、京都市から表彰

三浦「同時にコーヒー豆を自家焙煎して販売する『京都焙煎屋』（https://irohacoltd.thebase.in/）も開業しました。

店頭とＥＣサイトでの販売のほか、京阪グループの複合商業施設で期間限定のポップアップストアを開催しました。２０２２年には京都のふるさと納税の返礼品にも選んでいただけました」

山岸「コーヒー豆ですか!?」

図表4－5

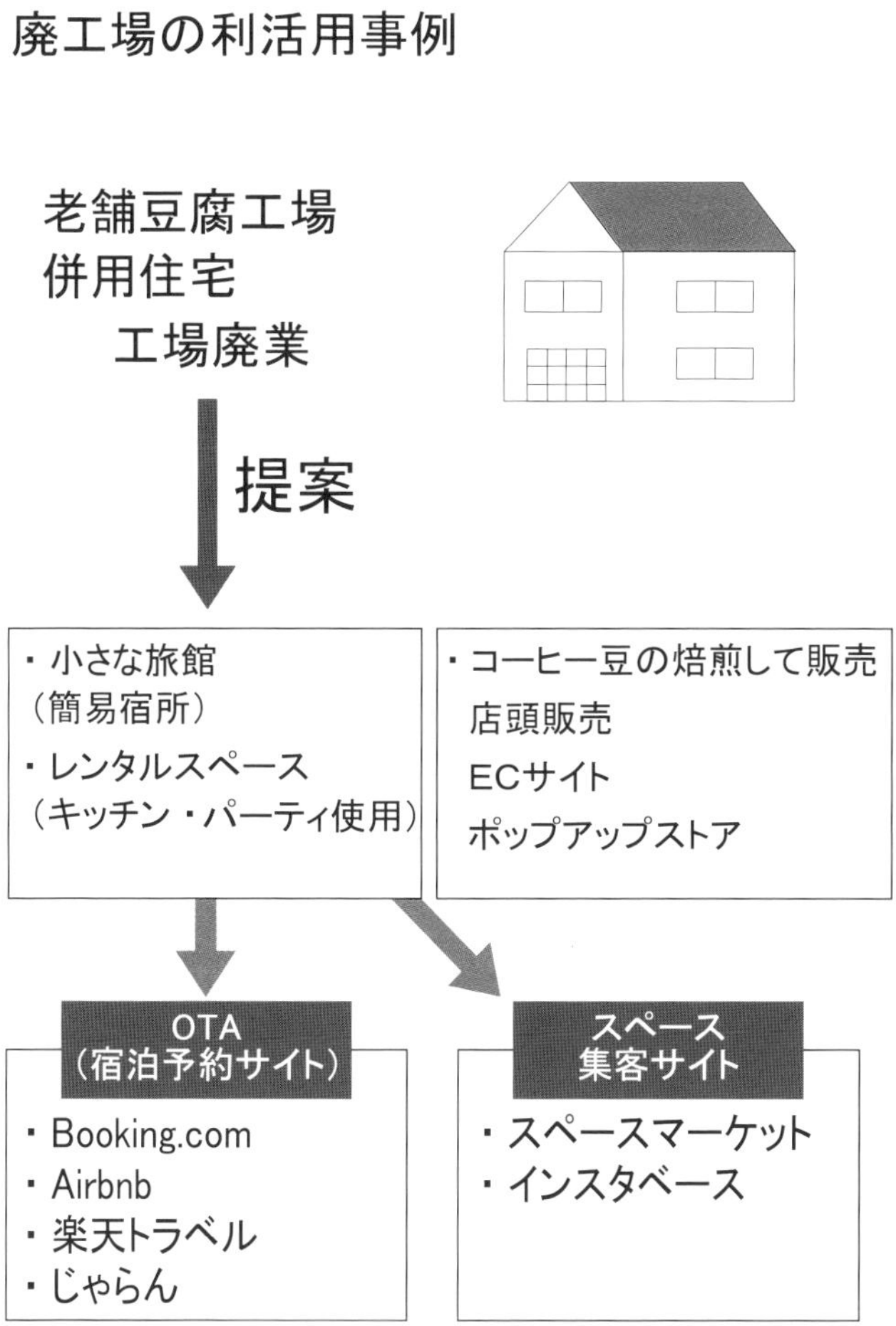
廃工場の利活用事例
老舗豆腐工場
併用住宅
工場廃業
提案
・小さな旅館
（簡易宿所）
・レンタルスペース
（キッチン・パーティ使用）
・コーヒー豆の焙煎して販売
店頭販売
ECサイト
ポップアップストア
OTA
（宿泊予約サイト）
・Booking.com
・Airbnb
・楽天トラベル
・じゃらん
スペース
集客サイト
・スペースマーケット
・インスタベース

三浦「豆を売って儲けたいわけではなく、コーヒー豆を通じて京都のくらしを提案するフロント活動の一環です。

そういった活動でいえば、２０２２年1月に〝令和3年度京都らしい宿泊施設〟として、『Kamon Inn Toji Higashi』が表彰されました。

京都市が２０１７年に、より魅力ある宿泊施設の開業や既存施設サービスの向上を目指して創設しているもので、エントリーするには自治会、町内会、商店街、ＮＰＯ法人などといった地域団体の推薦が必要です」

山岸「つまり地域に根付いた宿が表彰される仕組みということですか？」

三浦「はい。選考の対象は〝市民生活と調和し，地域に貢献する宿泊施設〟とされています。われわれのような小さな宿から、『ザ・リッツ・カールトン京都』『パーク ハイアット 京都』といった大手のホテルまでが表彰されています」

山岸「三浦さんの宿は、どんな活動が評価されたのですか？」

三浦「宿泊施設前のスペースを無償で解放して、フリーマーケットを毎月21日の東寺弘法市に合わせて実施したり、近隣の飲食店と協力して〝東寺夏フェス２０２１〟を開催したりすることで町内会の推薦を受けられました」

山岸「一朝一夕ではできないことです。時間をかけて地域に寄与されてきたのですね！」

東寺 おさんぽMAP

KAMON INN by iroha

東寺の歩き方

知らなかった京都に出逢える！宿泊サービスKamon Innオリジナルのおさんぽマップです。旅の案内人は Kamon Innの広報担当の旅好き女子「はさ」さん。日常に隠れたローカルな見どころをご紹介。このマップを片手に、東寺エリアをお散歩してみませんか？

案内人のはさです！

荷物は少なめに

こじんまりしたお店が多いです。
おさんぽには身軽でいきましょ。

気になるお店には入ってみよう

"一見さんお断り"のお店はないので
気になったらどんどん入っちゃってOK！

一人を楽しむもよし、会話を楽しむもよし

どちらもできるのが東寺エリア。
でも、面白い人、クセのある人、多いです(笑)。
話してみるのもオススメ★

少し足をのばして行ける

東寺周辺エリア

1 市電カフェ
歴史ある電車でホッと一息
京都鉄道博物館の近くにある、大正時代の市電を改装したカフェ。なんだか懐かしい気持ちになります。夕陽の射し込む時間が特にオススメ。

2 遠藤書店
本屋の中でサクッと一杯
昼は本屋、夜は居酒屋というちょっと変わったお店。昔ながらの本屋の真ん中にどーん！とテーブルがあるのはなかなか珍しい光景かも。

3 京都醸造
クラフトビールが飲める・買える！
金土日曜限定オープンで、日替わり10種類のクラフトビールをその場で飲めるんです！しかも食料持ち込みOK♪

4 おたべ本館
京銘菓「おたべ」の本拠地
箱&バラ売りの「おたべ」の他、ケーキや「こたべ」や「京ばあむ」などが買えるお土産スポット。工場見学ができることも．．．？

暮らしを旅する体験を。
まち結い民泊ブランド

KAMON INN

あなたにとって、旅ってなんでしょうか？有名な観光地に行くこと、豪華な料理を食べること、高級な宿に泊まること。人それぞれの旅があっていいし、その時々でちがっていいと思います。

でも、わたしたちは、せっかく京都に来たなら「暮らし」を旅してみてほしい。

夫婦で営むちいさな家庭料理店、映画の舞台にもなった70年以上つづく銭湯、文化のアップデートに挑む人たち。京都には、暮らしているから気づくことができる「まち」の隠れた表情がたくさんあります。そんな「まち」の魅力を結い合わせる宿があれば、「暮らし」を覗くような旅ができると思うのです。

まち結い民泊ブランド、Kamon Inn。わたしたちは、「まち」に馴染んだ家のような空間と、自宅に友人を招くようなおもてなしで、京都の「暮らし」を旅するような体験をお届けします。

おもてなしの共創を、ここから。

おもてなし。世界の共通言語とも言えるこの言葉を、Kamon Innは大切にします。しかし、民泊を中心とする私たちのサービスでは、お客様とスタッフが顔を合わせるコミュニケーションが難しい。だからこそ私たちは、地域や人と共に創る、新しいおもてなしのカタチを探りたいと考えています。

おもてなしの共創を、ここから。それは、スポットを楽しむ旅から、出会いを楽しむ旅へシフトする物語のはじまりです。みなさまのお越しをお待ちしております。

〝お試し移住〟専用のアパート

山岸「他に利活用した事例はありますか？」

三浦「京都で、民泊を賃貸に転用したケースがあります。民泊の運営会社が倒産して困っていたオーナーさんの物件を当社が運営しています」

山岸「そこに住むのはどんな人なのでしょう？」

三浦「あえて短期入居者を対象としています。コンセプトは〝お試し移住〟です。京都でコーヒーを飲むという体験から、宿へ数日の滞在、さらに1カ月単位で住んでいいただくサービス設計をしています。

　簡単にいうと、宿泊で京都の良さを知ってもらい、そこからお試し移住へつながるイメージです。全国的な話だと思いますが、コロナで暮らし方も変化しました。

　ワーケーションも浸透して、必ずしも仕事場のそばに部屋を借りる必要はなく、2拠点生活する方も増えています。そういった変化に合わせた住まいの提供をしています」

山岸「シェアハウスとはまた違うのですか？」

三浦「そうですね。感覚でいうと高級シェアハウスやホテルの長期滞在に近いかもしれません。家賃には家具家電やインターネット費用、光熱費込で敷金・礼金ゼロです。

　短期間で住む人は、多少家賃が高くても初期費用を払いたくないと考える方が多いですから」

山岸「なるほど」

三浦「ホテル暮らしより安く、シェアハウスより広くて快適と思ってくれる人が3組だけ来てくれれば良い。これが何十室もあると集客が大変ですが……」

山岸「ちなみに、この物件のオーナーさんは民泊運営会社の倒産で賃貸に変えたという話ですが、普通賃貸では赤字になるのですか？」

三浦「はい。アパートの家賃相場で貸すと収支が合わないので、なんとか工夫をして家賃を上げたいといった事情があります。

委託していた運営会社が倒産しただけでなく、京都は旅館の受付が常駐でなければいけない条例変更があり、その場所で旅館業ができなくなった

図表4－6

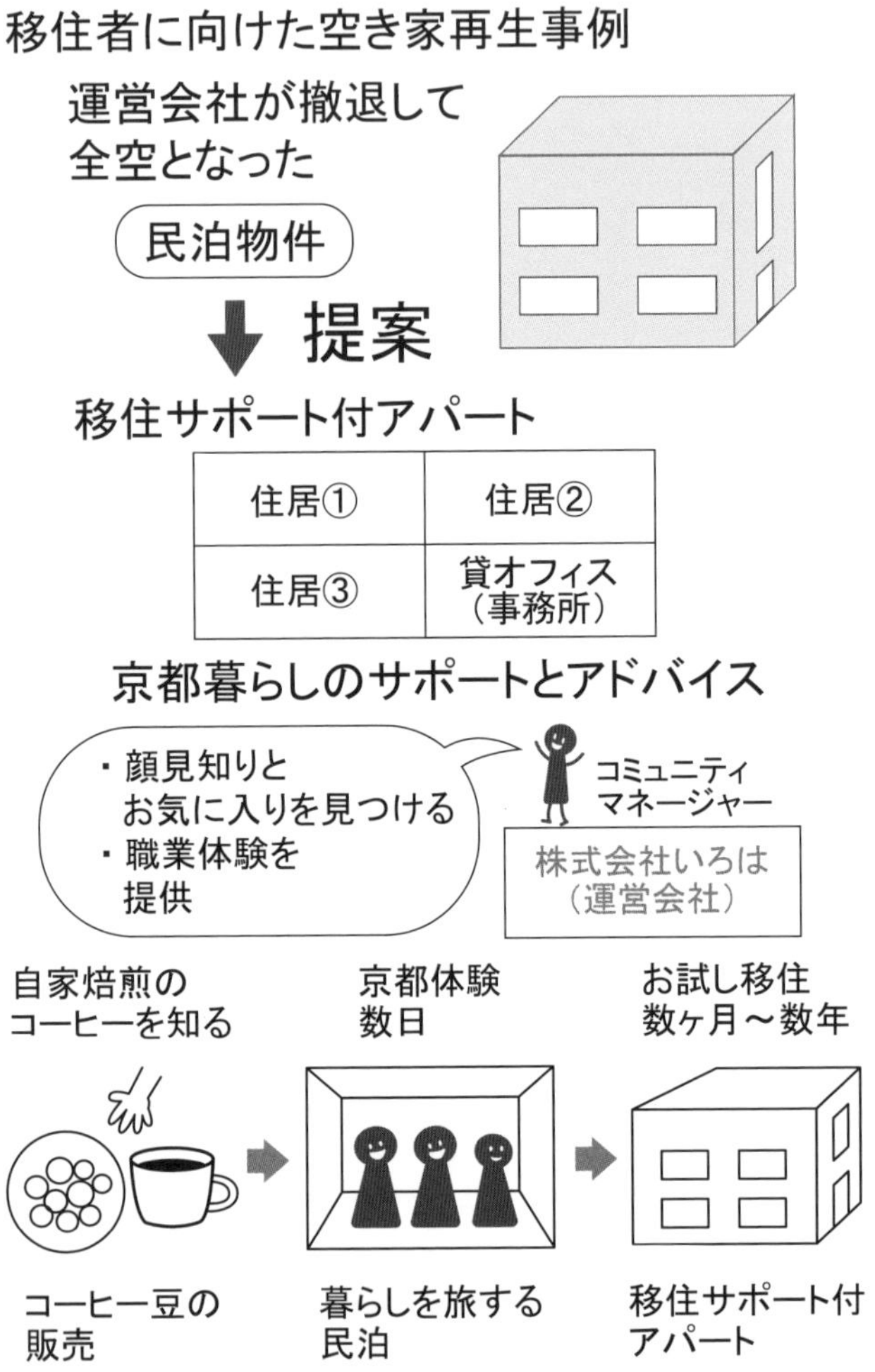
移住者に向けた空き家再生事例
運営会社が撤退して
全空となった
民泊物件
提案
移住サポート付アパート
住居①
住居②
住居③
貸オフィス
（事務所）
京都暮らしのサポートとアドバイス
・顔見知りと
お気に入りを見つける
・職業体験を
提供
コミュニティ
マネージャー
株式会社いろは
（運営会社）
自家焙煎の
コーヒーを知る
京都体験
数日
お試し移住
数ヶ月～数年
コーヒー豆の
販売
暮らしを旅する
民泊
移住サポート付
アパート

のです。そこでコンセプトを変えました」

山岸「お試し移住はサポートもあるとか？」

三浦「はい。コミュニティマネージャーがいまして、常駐ではありませんが、定期訪問といつでも連絡を受けて協力できる体制にしています。

京都ならではの趣味の活動や、仕事を見つけるなどのお手伝いをします。京都暮らしが気に入って本格移住となれば、長期で住む部屋も紹介できます。また、起業志望の方への支援もできます。

私自身、京都で開業して苦労した経験がありますす。京都で地銀や公庫を使っているので、その知見や経験を共有できるのも強みだと思っています」

山岸「それは魅力的ですね。三浦さんの本社は東京とのことですが、ビジネスを行う先として、なぜ京都を選んだのですか？」

三浦「以前、お世話になった会社で仕事をしているなかで、ちょうど民泊ブームが来たんです。京都に進出が決まり一緒にやらせてもらえまして。そこから独立して今の会社を立ち上げました。7年前の2016年のことです」

山岸「本社は東京で、京都に運営している宿泊施設があるのですね？」

三浦「東京で1カ所、京都で12カ所、あとは鹿児島に1カ所あります」

鹿児島県出水市の戸建て民泊

山岸「九州のケースをお聞かせいただけますか？」

三浦「鹿児島市から新幹線で30分ほど離れた出水（いずみ）市というところです。ＪＲも停まっていて駅前にビジネスホテルが2〜3軒あり、典型的な日本の田舎です。そこの空き家も4〜5年放置されていました。駅近ではあるものの、車社会なのであまり意味がなく……」

山岸「観光地でもないのですか？」

三浦「鶴の飛来地がありますけれど、有名ではないかもしれません。私も見に行くまで知りませんでしたし、真っ黒な鶴なので驚きました。外国人旅行客もほぼ来ません」

山岸「その空き家の利活用は、どういう経緯だったのですか？」

三浦「オーナーさんが地元の方で不動産投資をしていたのです。投資エリアは福岡や東京、今は京都にも拡大しています。ただ、鹿児島県の地元を見渡すと空き家だらけ。

　そこで、〝利益はそこまでいらない、町の活性化のため今まで県外でやった不動産投資を地元に活かせないものか〟という何気ない会話から始まりました。その後、地元の不動産業者や飲食店経営者などを集めてセミナーを開きました。

　すると驚いたことに、地元の方に不動産投資家が多いのです。県外で投資する人もいれば、地元だけで規模拡大する人もいます。ただ、人口が増えているわけではないので、新築の物件をつくれば、古い物件から新しい物件にただ移っていき、空き家が増える……といった悪循環が生まれています。

　これでは空き家が多くなるわけです。投資家や地主が空き家を再生産してしまっている現実があり、〝地元の状況を見直したほうが良いのでは〟という話になりました」

山岸「着目したのは空きアパートや空きマンションではなく、空き家ですか？」

三浦「はい。私がすでに東京や京都で取り組んでいた経緯もあり、空き家を旅館として活用することを考えました。

　駅から徒歩圏で低い家賃といった点を重視していたのですが、地元の不動産業者さんから条件の

良い空き家を紹介してもらうことができました。

　平屋で建物の状態が悪くもなく、消防設備を入れるなど旅館業の許可をとれる最低限のリノベーションで済み、工事費用は50万円もかかっていません。２０１７年に開業したのですが、コロナ前から観光地でもなく経営に不安はありました」

山岸「どんなニーズがあるか不透明ですものね」

三浦「結果的に泊まりに来たのは隣町や隣の市といった地元の人たちばかりです。最大8人まで泊まれるのですが、近隣に競合が1軒もありません。

　駅のそばにビジネスホテルはありますが、宿泊定員が違うのでライバルにはならないのです。それと最初に1泊５００円というキャンペーンをしたことがあります。そのときは、さすがに予約が入り過ぎてしまったので……。

　他にも、毎年のように鶴を見に来る人がいたり、秋口にバイクツーリングで来る人もいたり。ただ、これは結果論で、実際に運用してみた結果、〝ニーズがあった〟ということです」

山岸「想定以上のニーズがあったとはうれしい誤算ですね！　遠隔の運営はどのように？」

三浦「大きいのは地元の協力ですね。オーナーさんが地元の方なので自ら積極的に、家族全員で動いてもらっています。あと、これもたまたまですがオーナーさんが漁師なので仕事が早朝です。

　日が明けるころには水揚げから帰って来るので、ちょうどチェックアウトが終わったくらいになり、対応する時間を取ることができます。

　また、地域コミュニティがよくも悪くも狭く、道案内ひとつにしても、ご近所の助けがあり、ト

図表４－７

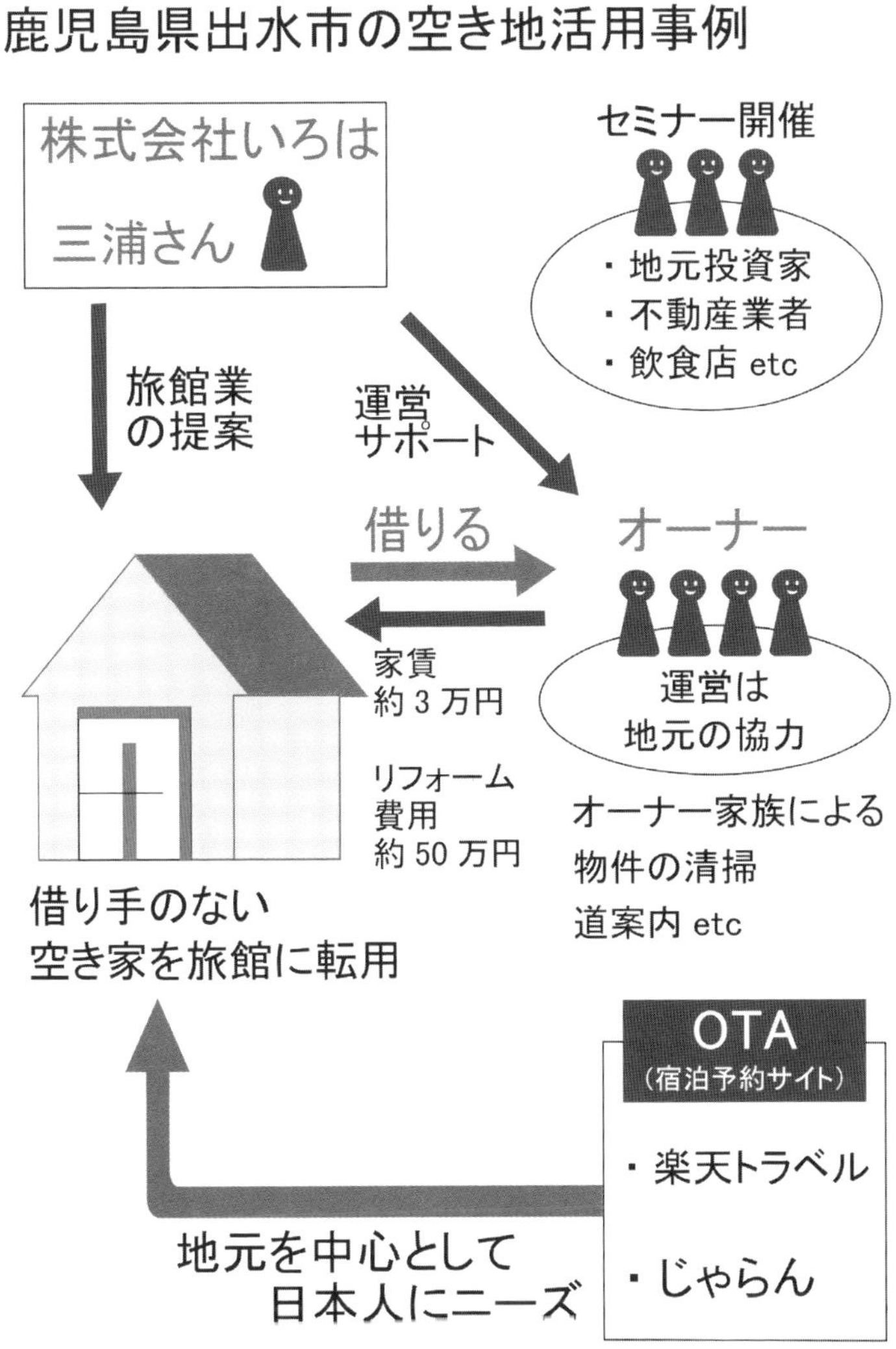
鹿児島県出水市の空き地活用事例
株式会社いろは
三浦さん
セミナー開催
・地元投資家
・不動産業者
・飲食店 etc
旅館業
の提案
運営
サポート
借りる
オーナー
家賃
約３万円
リフォーム
費用
約 50 万円
運営は
地元の協力
オーナー家族による
物件の清掃
道案内 etc
借り手のない
空き家を旅館に転用
OTA
（宿泊予約サイト）
・楽天トラベル
・じゃらん
地元を中心として
日本人にニーズ

ラブルの芽が摘まれているイメージです」

山岸「どうして地域の方に受け入れられたのでしょうか？」

三浦「やはり最初にセミナーをしたのが良かったかもしれません。空き家のオーナーさんとの関係性もできあがっていましたし、行う前に関係者を集めて話をさせてもらい、どういうことをやっていくのか丁寧に説明しました」

山岸「どんな内容を話したのですか？」

三浦「旅館業と民泊の違いや運営のポイント、トラブルへの対応など基本的な話をしました。あとはセミナー後に飲みに行ったので、そこで仲良くなれました。

事業計画を描いて、〝必ず儲かる〟と自信を持って言ったわけではないのが逆に良かったのかもしれません。それと、40～50代が一線で活躍している町というのも良かった点です。ご年配の方もいますが、オーナーさん、不動産業者さん、行政書士さん、土地家屋調査士さんなど、皆さん積極的に町のために動いていらっしゃいました」

山岸「理想的です。出水市の物件はインバウンド需要がないそうですが、２０２３年に入っての動きはありますか？」

三浦「あまり変化はありません。変わらず日本人のご利用がほとんどです。２０２３年10月に開催される、かごしま国体から〝宿泊施設として借りたい〟という申し入れが入っています」

山岸「最後に、今後の取り組みや展望をお聞かせください」

三浦「コロナ前は全国的に展開したいと考えたこともありましたが、今は規模を拡大したいとは考えていません。管理物件や自社物件を増やすのではなく、既存の物件や事業の利益をよりしっかり追求したいです。

コロナ禍で多くの民泊が撤退をしています。私は撤退の道を選びませんでしたが、大きなダメージは受けています。幸い、あらゆる努力と工夫をした結果、活路を見出しました。

今後もオーナーさんとともに、しっかり向き合っていきたいと考えていますし、経験やノウハウを活かし、管理物件外のオーナーさんもサポートできるサービスを考えています」

成功のヒント　株式会社いろは　三浦剛士氏

チャンスはどこにでもある！逆境をプラスに変えた取り組み

三浦さんは民泊の運営会社、コンサルタントをしており、東京・京都・鹿児島と、さまざまな地域で活動されています。コロナ禍では、大きな打撃を受けました。ビジネスでうまくいかなくなったとき、「廃業する」「別の商売をする」などの選択肢があるわけですが、形を変えながら地元の人と協業しつつ、「宿」だけでなく、カフェやコーヒー豆、レンタルスペースなど商材を変えて柔軟に対応して結果を出されています。とくに、地元の商店街などその地域で頑張っている人たちと連携して、可能性を探し続ける姿勢に学びがあります。地元の人たちとかかわる行動、人との出会いをきっかけにして仕事が創出されています。町につながることで新しい価値が生まれ、ブランド化につなげています。

ワイナリー、レストラン……新たな価値で町おこし

ジャパンプレミアムインターナショナル株式会社　大久保実氏

観光産業には〝伸びしろ〟がある！

山岸「長らくニセコの地域再生に貢献されていた大久保さんですが、今はどのような活動をされていますか？」

大久保「共に町の価値を上げていきたい想いから、観光協会の理事をしていましたが期間が満了しまして、現在は観光産業だけでなく農業関連への関わりが増えています」

山岸「コロナ以前から今に至るニセコの状況を教えていただけますか？」

大久保「まず、観光産業と不動産の話の背景となる説明をしますね。コロナ前までは、観光産業は世界各国で力を入れており、年齢や性別、国籍を問わず多くの人が活躍できるのが強みでした。

たとえば工場で働くとなると、業種や人種、年齢などで限定されてしまいますよね。それが観光産業だと幅が広く、ホテルや飲食、交通網などいろいろな部分でかかわれる人がいます。

そういうこともあり、各国で観光産業をすごく推していたわけです」

山岸「なるほど。たしかに観光であれば多くの業種が関連します」

大久保「そうはいっても、海外受けが良いと思われているようなリゾート地には、理想的な割合があります。国内・近隣国の需要が約65％で、海外需要が約35％というのが、長く成功しているリゾート地における理想的な割合です。

そして海外から来る35％の観光客が、国内や近隣国の観光客よりも1回あたり3～5倍以上お金を使ってくれるので、そういう人たちを大切にしてきた背景があります」

山岸「そのような比率があるのですね」

大久保「その常識がコロナ禍で一時的に崩れたのですが、２０２１年６月には海外のリゾート地は約85％回復しました。

　とくにアメリカ、オーストラリアは報道もされていたように、マスクを付けていない人も多いですし、経済回復を優先し行動規制解除をいち早く実行していました。

　日本で厳しい対策が行われていたのとは対照的に、イベントも通常どおり行われており、ホテル産業も85％くらいまでに回復していたのです。

　日本国内でも、たとえばニセコは、香港やシンガポールをベースにしているローズウッドやシックスセンスという4つ星クラス以上のホテルの進出が同年5月に発表されました」

山岸「それは知りませんでした」

大久保「２０２２年６月にはマカオのカジノグループの1社が、ニセコで20ヘクタールの用地にホテル棟と70戸以上の別荘を建設することを発表しました。

　これはお金が余っているといった理由もあると思いますが、いずれにせよ〝観光産業はまだまだ伸びしろがある〟というのが世界的な認識だといえるでしょう」

山岸「コロナ禍であっても、そのような動きがあったのですね！」

大久保「はい。コロナ禍で観光産業に投資するのは現実的ではないと考える人がいる一方、復活のタイミングを先取りする動きがありました。つまり、〝観光産業の未来は明るい〟と考えている層が一定数いたということです」

ニセコの富裕層向けコンドミニアム

山岸「オーストラリアの企業と組んで、コンドミニアムを誘致されていたとお聞きしました」

大久保「はい。海外の富裕層はコンドミニアムを購入しても、年1~2回しか来ないので、それ以外の期間は海外旅行者に貸しているのです。

このような日本国内において、ほかの地域にはないビジネスモデルで、不動産の価値をどんどん上げていった点が、ニセコの特異なところだと思います」

山岸「タイムシェアリングみたいなものでしょうか?」

大久保「タイムシェアとは違い、所有権を買ってもらいます。貸し出しに関しては、一番高いのが1泊350万円で、しかも5泊以上でないと予約が取れません。ですから1回1750万円です」

山岸「高いですね!」

大久保「でも、コロナ前は約85%の稼働率でした。アジアに富裕層がいますが、日本には彼らに対応した施設がありませんでした。新しい価値を提示して、新たな客層を呼んだ意味では、ニセコの経験値が圧倒的に進んでいるでしょうね」

山岸「お客様は戻られていますか?」

大久保「1泊350万円でも、この冬で8割の稼働という話です。為替のこともあり、より日本が

図表4－8

ニセコの地域活性化に向けた関わり

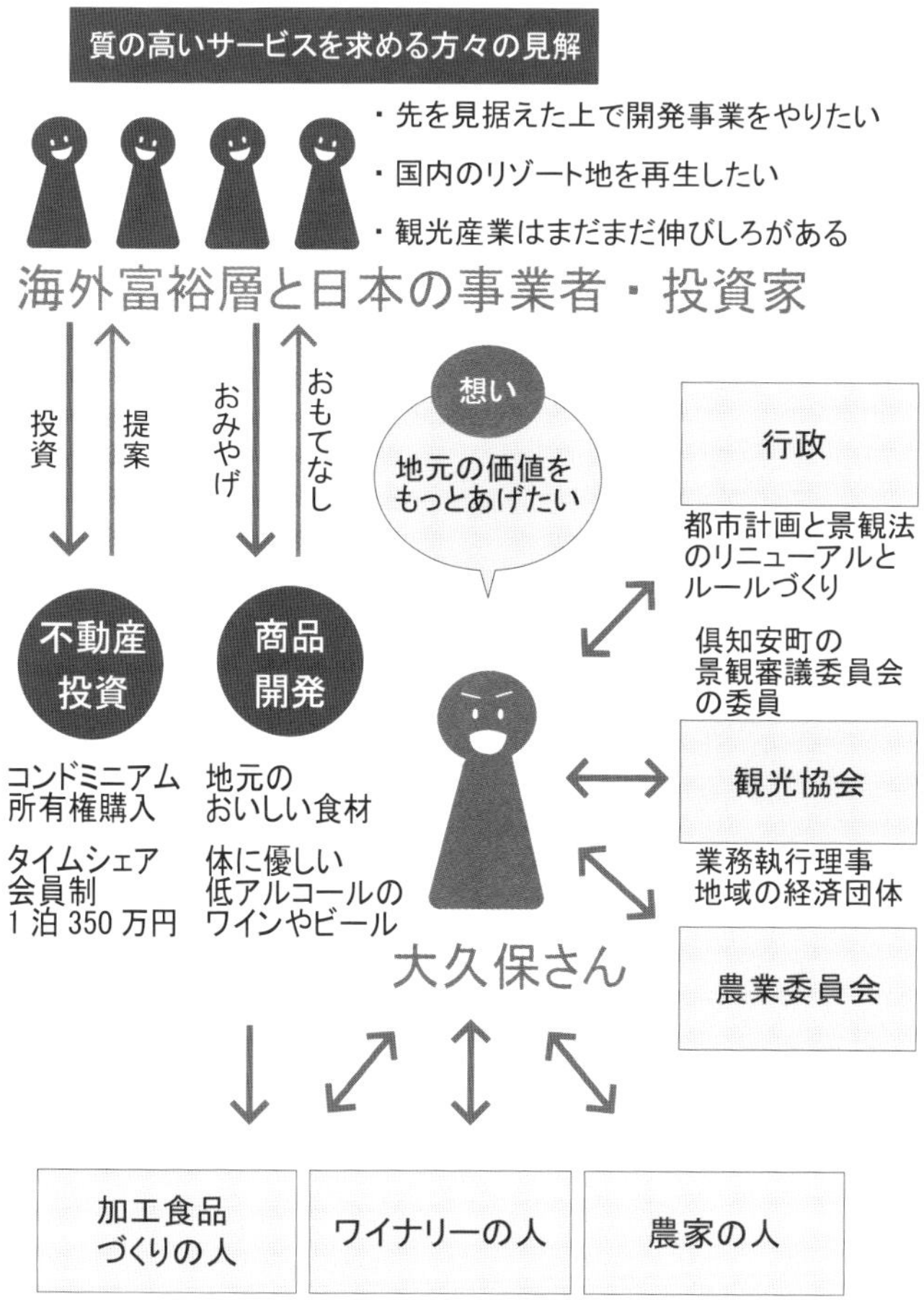
質の高いサービスを求める方々の見解
・先を見据えた上で開発事業をやりたい
・国内のリゾート地を再生したい
・観光産業はまだまだ伸びしろがある
海外富裕層と日本の事業者・投資家
投資
提案
おみやげ
おもてなし
想い
地元の価値を
もっとあげたい
行政
都市計画と景観法
のリニューアルと
ルールづくり
倶知安町の
景観審議委員会
の委員
観光協会
業務執行理事
地域の経済団体
農業委員会
不動産
投資
商品
開発
コンドミニアム
所有権購入
タイムシェア
会員制
1泊350万円
地元の
おいしい食材
体に優しい
低アルコールの
ワインやビール
大久保さん
加工食品
づくりの人
ワイナリーの人
農家の人

安く感じている面もありますが、そうなる前からずっと日本、そして北海道にたくさん来てもらっていました。
単純に今は追い風が吹いて来られやすくなっていますが、円安だからというよりは、多くの海外からの観光客、とくにアジアの人たちから北海道が注目をされているんだなと強く感じましたね」

投資ではなく〝満足度〟への変化

山岸「大久保さんが仁木町の出身というお話は以前に伺いました。仁木町での取り組みについてお聞かせください」

大久保「仁木町に関しては、もともと果実をたくさん作っていたのですが、輸入品が入ってきてから生食用の果物だけで生計を立てるのが難しくなりました。

そのため果物農家はミニトマト農家に鞍替えして、結果的に現在、仁木町はミニトマトの生産量が日本一になっています。かつ気候も少し変わったのもあり、生食用のブドウをワイン用のブドウとして栽培するようになりました。国内のワイン消費量が増えてきたのも大きいですね。

そうした事業が進むと、まず生産農家が増えて、そのあと醸造所に働く人も増え、それを飲みに来て買ってくれる人口が増えるのです。結果、仁木町はワイナリー事業に非常に力を入れています」

山岸「それだけ仁木町の魅力が外へ伝わって、需要が増えたということですね！」

大久保「はい。とくにコロナ禍を経てからは、投資投機目的、要するにリターン目的から、自分たちが滞在するときに、どれくらいの満足度が得られるのかに大きく変わりました」

山岸「価値は利益だけでなくなったのですね。ちなみに仁木町のワイナリーは何軒ありますか？」

大久保「仁木とお隣の余市を合わせて15軒ありますが、その8割は家族経営です。今は国の仕組みもだいぶ緩和されているのでワイナリーがとても始めやすくなりました。

その影響で都内でも、地ビールやクラフトビールを扱うお店が一気に増えましたね。大手の酒造会社が派手に展開するよりも小規模でもお店が増えることで、地域の特色や魅力を引き出せます。

そういった意味でも仁木や余市は、これから面白いエリアになっていくだろうと予想しています」

山岸「ワイナリーごとに味も違うのでしょうね」

大久保「くわえて、これまでの私は開発関連の仕事がメインでしたが、今は海外や都内の方から、ご自身の事業領域の中で〝農業部門を手がけてみたい〟というご相談が増えています。

ビジネスというより〝気の合う仲間と一緒にワイナリーをやりたい〟〝国内で新しいウイスキーをつくりたい〟といった要望です。事業家、経営者の方が求めているものが変わってきたと感じますね」

山岸「農業へ関心が高まっているのですか？」

大久保「はい。自然と農業にかかわりながら豊かに過ごしたいという目的に変わってきました。

会社で働いてもらっているスタッフに、福利厚生の一環を兼ねて農業体験をさせたい経営者様も

いらっしゃいます。たとえばワイナリーなら、ブドウの苗を育てる、ブドウを収穫するなどです」

山岸「体験に対するニーズもあるのですね」

大久保「ニセコでは、建物としての不動産の価値を高めることを外国人と一緒にやってきました。でも建物が増えると、どうしても乱開発していると言われます。充実感はあるものの、そこのジレンマがずっとありました。

ですがワイナリーであれば、耕作放棄地の解消や、後継者不足で荒れていた土地の景観が戻るのです。もちろんワインができるし、最近ではワイン用のブドウを発酵させずジュースにする人も増えています。そういう意味では、そのまま食べられるし、ジュースでも飲めるし、その延長上にはワインもあり、さらにレストランという形式で食事も提供できる。ですから、同じ不動産業でも得られない充実感がワイナリー事業にはあるといえますね」

山岸「それは素晴らしいことです！」

大久保「2022年はスパークリングワインのオーダーを600本いただきました。シャンパーニュ製法と全く同じなので手間ひまはかかりますが、2023年も倍の1200本をオーダーいただいております。私と、札幌のソムリエの2人で収穫するところから始めてブドウをプレスしてボトリングします」

山岸「一からつくっていくのですね！」

大久保「それこそ1本1本、手で澱抜き（おりぬき）しています。1％未満の低度数のアルコール飲料にも挑戦したいのですが、まずはその手始めとしてスパークリングワインで、しっかりとした美味しいアルコール飲料をつくっています。

　そのような意味では、一歩ずつ進んでいます。そのほかにも2022年の10月に摩周湖や屈斜路湖のある弟子屈町（てしかがちょう）でワイナリーを始める方がいらっしゃり、そこでは苗をオーダーして植えてきました」

山岸「苗を植えるところからかかわられているとは……」

大久保「口先だけのコンサルではなく、作業着を着ていっしょに手を動かすことが大切です。

　それにしても、このコロナ禍でパッケージづくりの上手な人がすごく増えたことに驚きますね。思いもよらぬ意外な組み合わせをした結果、大きな収益をもたらせるような。

　これは不動産も同じで、パッケージを売りにする投資家・事業家も増えたのですが、たくさんいただく案件の中で誰が選ばれるのかとなれば、やはり現地に行って苗を植えたりヒモをしばったり、農家さんと一緒に畑を耕しながら現場で汗をかいてくれる人ですね」

山岸「たしかに信頼できますね。落ち着いたら飲みに行きたいです。ワイナリー事業以外に注目しているものはありますか？」

大久保「スパークリングワインもそうですが、低度数のアルコール飲料です。たとえば、ワイン・ジン・ビールなど3％未満、もしくは1％未満の低度数のアルコール飲料（発酵飲料も含めて）で

すね。需要は少ないと思いますが、求めている人は多いと感じています」

山岸「それはなぜですか？」

大久保「ニセコで富裕層の人と食事をするときにアルコールを飲むのですが、アルコール度数が高すぎると食事の味が最後まで楽しみきれません。とはいえ、ジュースやウーロン茶というわけにもいかない。ですから、発酵飲料かアルコール度数が低い飲みものであれば、食事を最後まで楽しめると言われたのがきっかけです。

あと、最近の欧米でアルコール1％未満のワインやビールが出ており、オーダーする人がいるんですよ。そこまで大きな商売にはならないと思いますが、やってみたい意志はありますね」

図表4－9

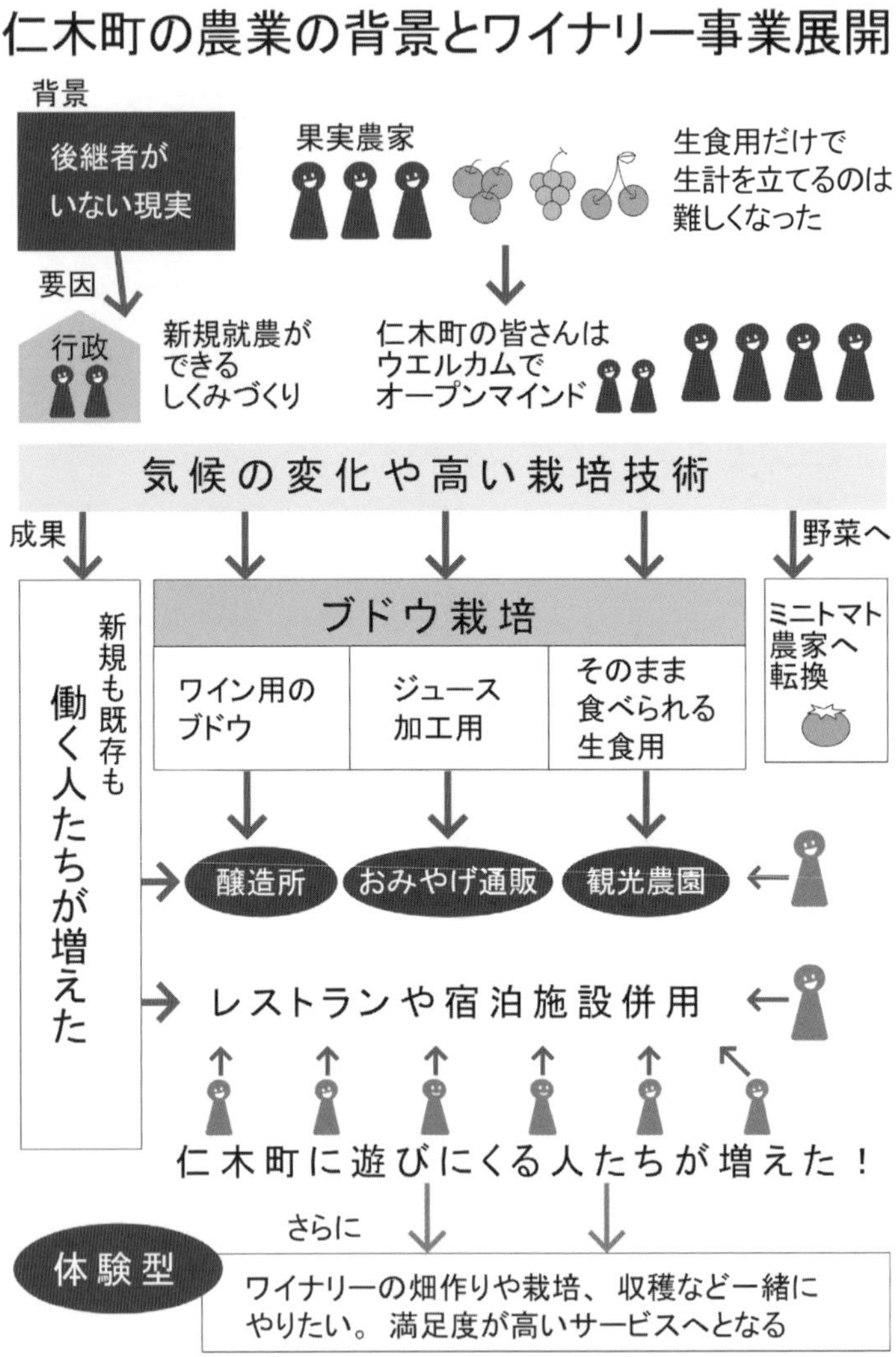
仁木町の農業の背景とワイナリー事業展開
背景
後継者がいない現実
果実農家
生食用だけで生計を立てるのは難しくなった
要因
行政
新規就農ができるしくみづくり
仁木町の皆さんはウエルカムでオープンマインド
気候の変化や高い栽培技術
成果
野菜へ
新規も既存も
働く人たちが増えた
ブドウ栽培
ワイン用のブドウ
ジュース加工用
そのまま食べられる生食用
ミニトマト農家へ転換
醸造所
おみやげ通販
観光農園
レストランや宿泊施設併用
仁木町に遊びにくる人たちが増えた！
さらに
体験型
ワイナリーの畑作りや栽培、収穫など一緒にやりたい。満足度が高いサービスへとなる

地域の価値を再構築したい

山岸「そのほか、何か新しく展開されていることがあれば教えてください」

大久保「はい。都内の経営者が自分専用の会員制ワイナリーや、ウイスキーも含めてアルコール飲料の醸造所をつくりたいと希望され、今日の午前中も余市や仁木に行ってきました。

前向きに日本の田舎を元気にしたいところから引き続きご相談いただいており、実現に向けて奔走しているところです」

山岸「都内の経営者が遠隔で農業を？」

大久保「跡継ぎがいなくて農業をやめた土地がどんどん増えてきています。そこに生えている木を抜き、土を入れ替え、また畑に再生していく作業です。２０２４年度中には事業に進んでいくでしょう」

山岸「そうして、また人が集まるようになるのですね！」

大久保「ニセコや仁木町に人が集まる一番の理由として、〝共感・共有したい〟という欲求がカギだと思います。

そして〝ブドウの収穫をしたい〟など、〝一緒にやってみたい〟と思った人はファンになってくれます。そのファンが増えていき、お互いに満足度が高い状態でビジネスが回っていく。今後はそういう形がもっと増えていくと感じますね」

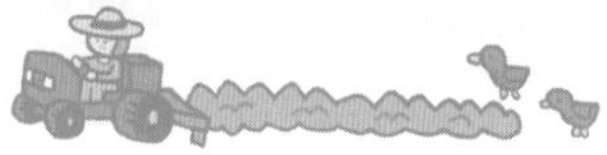

山岸「なるほど、大久保さんのこれからの展望をお聞かせください」
大久保「土地が空き地になっているなら、空いた土地の上に、アイテムをいろいろと組み替えながらプランニングをしたい。
　さびれた地域は時代に置いてけぼりにされますが、まだまだ魅力が再生しそうなところを、もう一回ちがう角度からアプローチして価値を再構築してあげる。
　それは私にとっての喜びでもあり、役割の1つ。閉鎖しているリゾート地も多いので、そのような地域を活性化できたらと考えています」
山岸「大久保さんの視点で、まだ活性化していない地域の再生はどこからスタートを切るのですか？　これはいけそうだと判断するポイントはどこですか？」
大久保「一番は、その地域で美味しい食べ物があるのかどうかです。どれほどアクセスが悪い地域でも、わざわざ現地まで足を運ばなければ味わえない食べ物があれば、それは人を惹きつける大きな魅力になります。
　要するに、〝ここでレストランを建てたらこれだけ儲かる〟ということではなく、そこに行けば〝美味しいものが食べられる〟〝特別な体験が得られる〟わけです」
山岸「食がキーとなり、貴重な体験の提供につながっていくのですね。ありがとうございました！」

成功のヒント

ジャパンプレミアルインターナショナル株式会社

大久保　実氏

豊かな自然、町の資源を最大活用して新たな魅力で人を集める試み

北海道仁木町の大久保さんは、楽しいアイディアとその実現化、おもてなしの心が魅力的です。もともとグローバルな考え方をされており、ニセコでは日本の事業者と海外の事業者のマッチングを行い、町のブランド化を成功させました。ニセコにおける地域活性化の立役者の一人です。観光業はコロナ禍で大きな打撃を受けていますが、その中でも地産地消の商品やワイナリーのプロデュースをして町の立て直しをしています。いわば「町おこしプロデューサー」です。最近ではミニトマトやぶどう栽培の盛んな仁木町に新たなワインというブランドをつくり出し、ワインを通じて農業体験や美味しいモノを提供、街を楽しむ観光ニーズをつくりだしています。

WINERY

第5章

これからの可能性

イタリア留学で培われた経験が私の原点

第2章から第4章まで不動産の利活用に取り組まれている方々の事例を紹介しました。ただ「土地を活かす」「不動産を再生する」「収益化する」のではなく、ビジネスを通じて生き方や、人と人とのコミュニケーション、お金だけでは成り立たない経営者マインドから、文化・福祉・起業・町おこしなど、新たな取り組みにつなげていく発想に刺激を受けました。

本書の最終章である第5章では、私の考え方や活動についてお伝えしようと思います。前著でも少し触れていますが、私は20代のころにイタリアで建築と都市計画を学びました。そして、日本の企業がイタリアへ視察に来たときは、通訳と現地コーディネーターを担いました。

イタリアでは、陶器（ceramica）や陶器タイル、レンガを各地域で生産する街が多いため、その地域の土によって建物の色合いが異なります。そのため、それぞれの街並みに個性があり、その地域に残されたイメージなどを生活の一部として感じていました。そんなイタリアでの暮らしは、とても居心地の良い経験でした。

「3分でこの人と仲良くできるか？」を判断されるコミュニケーションも、イタリア留学先のシエナで経験しました。この街は、地域コミュニティが強くて仲間意識がありました。私が一人で散歩をしていると、どこからともなく声をかけられたものです。バール（コーヒーショップ）に入っても広場へ行っても、外国人の私はわけ隔たりなく接してもらえ、他愛のないおしゃべりが楽しめました。

このような街の環境なら、子どもの誘拐事件や孤独死をすることもないでしょう。それは皆が皆を見守っているからです。

心がオープンで誰もが受け入れられ、誰もが認められる地域コミュニティがここにはありました。私はイタリアの都市計画の研究6年間で養った考え方や捉え方、大切にしたい歴史や文化を、日本でも創りたいと心の底から思うようになりました。

日本に帰国した30代の私は、北海道大学でイタリアの事例を参考にし、日本の風景計画、都市計画、地域住民の合意形成を研究していました。今まで当たり前にあり過ぎて見えていなかった人と人とのつながり、価値ある地域資源（日本の埋れている魅力や価値）を発掘するクリエーター&プロデューサーを目指していたのです。

空室をチャンスと捉える

その後、実家の築古アパートの再生や空室対策を手掛けたことをきっかけに、空室対策コンサルティングとして活動するようになりましたが、根っこの部分は同じ考えです。

また全国各地で活動を続けるうちに、多くの悩める大家さんと出会いました。みなさん勉強熱心に取り組まれ、真剣に空室物件と向き合っているけれど思うように空室が埋まらず、苦戦している姿を数多く見てきました。

本書では、あえてアパート・マンションなど賃貸物件の空室を取り上げませんでしたが（アパート・マンションの空室対策は前著に詳しくあります）、賃貸物件の空室もまた、たくさんあります。住む人がいない賃貸アパートもどんどん増えています。

空室が続いて家賃収入が減り、ローン返済を給料から持ち出している人や、カードキャッシングで支払っている人がいました。そのほかにも、自分で空室を埋めた経験すらない「なんちゃってコンサル」に騙されている人もいました。

そんな困っている大家さんたちを見ていると、まるで過去の私と重なり放っておけなくなりました。そして「自分のノウハウを使い、多くの迷える大家さんたちを救いたい！」

と思うようになったのです。

ここで勘違いしてほしくないのですが、空室がたくさんあるのは、けっして恥ずかしいことでも辛いことでもありません。

空室は、これからお客様が入ってくださる部屋なのです。そして空室対策は、未来のお客様と出会えるきっかけでもあります。

そのように捉え方を変えれば、空室を埋めるのも楽しくなることでしょう。ですから一方的に管理会社を責めるのではなく、管理会社と一緒に空室を埋めることができ、収支もより良くなっていきます。

不動産利活用の可能性

本書のタイトルは問題をわかりやすくするため「空き家」としていますが、もっと幅広い視点で、不動産を利活用していくべきだと私は考えています。

実際、利活用方法はいろいろあります。たとえば、駐車場・アパート・マンション・戸建賃貸・貸店舗・貸事務所・貸倉庫・コインパーキング・定期借地・高齢者住宅など、ざっと思いつくだけもこれだけたくさんあります。

そして、これらには各々の特徴があり金額も違ってきます。場所によって成功するところと、そうではないケースもあります。また、どこでも一長一短があるため、何が良くて何がいけないのか一律でもありません。

それは、その人の属性や、その土地の性格で異なりますし、その場所に求められているニーズや金額によっても決まります。

一見すると、使い道がないような土地を所有されている方は少なくありません。

そして、そのままで活用できない古い建物を所有している方もいるはずです。後継者がいなくなる農家さんや事業者さんは今後もたくさん増えてくるでしょう。

これから法制度も変わるため、空き家や土地を売りたいと願う人は、ますます増える可能性が十分にあります。

そうした不動産が新しい人の手に渡ることで、どのように活用されていくのでしょうか。どれだけ古い建物にも価値を見い出す人がいるかもしれませんし、そこに新たな魅力を吹き込むことができるかもしれません。

ただ放棄されている土地や建物でも、所有する人（借りる人）が変われば、その地域やその人の未来が変わる、その価値も大きく変わる可能性があります。

それは素晴らしい未来でもあり、空き家の利活用、不動産の利活用の可能性を私は感じています。

これまでの日本はデベロッパー思考……つまりスクラップアンドビルドであり、建物の評価が20年でゼロになるという不動産業界の常識の中で過ごしてきました。私はイタリアのように歴史的な建造物の保全を、そのまま日本に提唱したいわけではありません。まずは多くの人たちに、不動産の利活用の可能性を知って欲しいのです。

日本は空き家が増え続けているにもかかわらず、新築の住宅や賃貸住宅は一定の水準で供給され続けており、反してリフォーム市場はそれほど伸びていません。

不動産業界や住宅産業も新しいモノを作り、売る側のハード面だけでなく、それぞれの価値観や、人と人とのつながりを持つソフト面を重要視することが必要ではないでしょうか。

昨今、コロナ禍ではリアルでの人と人との交流が大きく制約されていました。人が集まるコミュニティであってもリアルだけに留まらず、ＳＮＳが急成長を遂げています。実際に会わなくても交流が深められる反面で、匿名ゆえに感情を隠さない、誹謗中傷が蔓延して問題視される世の中になりました。

やはり、「オンラインで仲良くなる」と同様に、「顔を合わせて話す」「相手の気持ちに向き合う」などの重要性を見失ってほしくない想いが私にはあります。

定着したシェアリングエコノミー

現代は若者に限らず、高齢者も単身世帯が多数を占めるようになりました。とくに若者世代においては収入格差が広がり、たとえ安定収入があっても将来への不安が拭い切れません。

だからこそ職場だけではないコミュニティの場や、人と人との交流を求める動きも見られ、ルームシェアやシェアハウスの広がりはそれを明確に反映しています。

コミュニティで得られる楽しさや安心などなど。もちろんリーズナブルな価格をを求める動きもあるでしょう。

もはやマイホームやマイカーを所有するのが人生の最終ゴールと考える時代ではなく、もっと自由で、もっと自分の気持ちに向き合い、もっと自分らしい人生や暮らしを実現化することが大事になってきています。

たとえば、さまざまな人たちの持つ能力や価値観、ノウハウをシェアするワークシェアを筆頭に、テレワークを実現化するための小ワーキングスペースが出現しました。

そしてサブスクリプションモデルにおいては、空き家を活用した新しい不動産ビジネスのプラットホームであるＣＯＷＣＡＭＯ、ＨａｆＨ、ＯＹＯＬＩＦＥ、ＡＤＤｒｅｓｓがあります。

その他にも、仲間と一緒に住みながら働くコリビングや、旅をしながら暮らすトラベリングがあれば、働く場所をシェアするコワーキングも一般的になりました。

現在、私自身もママ向けのワーキングスペースを熱海に創りたい企業や行政と協業して、プロジェクトも始動しております。

このように世の中には、空き家の活用を始めたい新しい不動産の形態が、個人レベル、起業家レベル、経営者筆頭の企業レベルで展開があるのです。

そして、それらはスモールビジネスとして、トライ＆エラーしながらのスタートが気軽に実現可能となりました。小口ニーズに対応することが、ＩＴリテラシーでフォローされています。

コミュニティからビジネスを創出

空き家については第1章で解説したように、「空家対策特措法」が施行されました。そのため、保存状態が悪い危険な空き家を「特定空家」に認定することにより、自治体が指導や警告する権限を持ち、最終的には空き家を撤去できるようになりました。

商店街でも、シャッター商店街化している地域は、自治体主導で都市計画のやり直しができるようになれば、また状況も変わってくるのではないでしょうか。

たとえば空き店舗を取り払い、道路幅を広くして歩きやすくする。その土地の観光地や利便性の高い街との交通網を再整備して、そこへ訪れた人に対して「より良い街」であることをアピールできれば、中心市街地にも人が戻って来るのではないでしょうか。

コロナ禍では雇用スタイルも変化しており、せっかく外国人がたくさん訪れる地域でも、働き手がない現実的な問題をよく聞きます。

もはやコロナ前の、従来までの雇用スタイルでは無理なのです。それには街全体で雇用を生み出すだけでなく、ＩＴリテラシーのある若い人から、カップル、お子さんがいる家族まで誘致する体制を整える必要があります。

もちろん一朝一夕に実現できることではありませんが、私は空き家の利活用で、明るい未来を信じられるような地域のコミュニティづくりと、雇用創出を応援していきたいと考えています。

耕作が放棄された畑に関しても、近年は健康志向も相まって「自給自足で生活していきたい！」と望む人が増えているように感じます。実際、空き地を行政が買い取って市民農園にするケースもあります。そうした農園を都市農家が整備して、家庭菜園という形で貸す動きも出てきています。

目指すべき道は、コミュニティをつくってビジネスを創出し、地域経済の活性化、事業継承につないでいくこと。

情報分析力・コンサルティングスキルや提案力・多様なファイナンシャル手段の確保・ＩＴリテラシーなど、ハードルの高い課題を解決する能力を備えた人材を育成することで、地域や地域の生活者の課題に答えていきたいと考えています。

また価値ある地域資源（日本の埋れている魅力や価値）の理解を深めていきたいです。

そして、この価値ある地域資源を発掘するクリエーター＆プロデューサーとして、協会理事の域を超えて目指したいと思っています。

おわりに

不動産業界とは二代目大家として、その後、空室対策コンサルタントとして関わってきました。

不動産業界の人たちは、消費者の知識不足につけ込んで、自分たちの都合の良い情報だけを明らかにして物件を提供することになりがちです。

無論、不動産会社のアドバイスのみに依存する不動産投資家さんや、管理会社に任せっぱなしにしている地主大家さんにも反省すべき点はあります。

その土地ごとに商習慣が変わり、ＩＴ化がなかなか進まない不動産業界で空室に悩む大家さんが現状を打開するには、小手先の空室対策ではなくて、大家さんのマインドのアップデートが必要であると考えました。

人の生活に欠かせない住まう環境を提供する不動産オーナーは、投資家ではなくて経営者であるべきです。

知るべき事実や知識を自ら手に入れる行動力、学べる環境に身を置くこと、その心技体が必要なのです。経営者マインドを育てることで、多くの悩みは自分で解決できるようになります。

現代の日本は空き家の増加に伴い、社会問題になっています。

一方で、その存在をビジネスチャンスと捉え、そこにスモールビジネスのオーナーとして、地域の魅力を高める動きをしている方々もたくさんいます。

私は全国各地で、この動きを広めていきたいと考えています。

具体的には、土地や空き家の利活用の構想力を持って実践している、さまざまなオーナーや事業者の事例をリサーチすること、さまざまな事業者との連携や協業を深めることの重要性に着目しています。

ＳＮＳなどを利用したプロモーション力＆集客力、利活用ノウハウやオペレーションなど、多様な知識や技術を共有することで効果の相乗も狙っています。

一見すると引き取り手がいなくて余っている家や土地であっても、価値ある地域資源（リソース）であると理解を深めていきたいです。

そうして、日本の埋れている魅力や価値を、発掘するクリエーター＆プロデューサーを、協会理事の域を超えて目指したいです。

時として、超えることが難しい壁に立ちふさがれ、ついつい諦めてしまうことも多い

でしょう。

そんな現実としっかり向き合い、現状把握をし、手がつけられない問題を発見し捉えて、自分独りではなく、その道の専門家と関わりながら、お互いの役割を担いながら、ビジネスを創出することができたらと考えています。

私一人では微力ですが、こうした活動が皆様の賛同を得て大きなムーブメントになり、より良い将来をつくることができたら、こんなにうれしいことはありません。

２０２３年７月吉日　空室対策協会代表理事

山岸　加奈

第2章 石松夫妻（P42）

不動産賃貸業、農業、狩猟業。もとは会社員と主婦だったが、10年前に収益不動産を購入して不動産賃貸業をスタート。目標の50室を達成し会社員をリタイア。現在はアパートやマンションなど集合住宅の再生をメインに、新築・戸建賃貸・シェアハウスも運営している。5年前に夫婦で猟師免許の取得、その後、農業研修所に通い、長年の夢であった自給自足生活を実現した。今後は自家製の野菜やジビエ料理、猪の解体など田舎体験ができる農家民宿を計画中。

第2章「お花茶屋Labo」木村美穂氏（P58）

宅建士、不動産賃貸業、森谷邸プロジェクトイベント部門担当。さがのきもの学院講師。加賀友禅の本場、金沢で幼少より着物文化に触れながら育つ。平成15年に戸建を購入し賃貸業を始める。シェアリングエコノミーに可能性を感じ森谷邸をレンタルスペースとして運営するほか、金沢ひがし茶屋街そばの町家を改修し1棟貸切宿「Art Hotelてまり庵」も運用。大家業のかたわら日本文化を広げる活動を続ける。

https://rental.moriyatei.tokyo/
金沢「てまり庵」 https://temari.hotel-aimer.com/

第2章 成田勉氏（P76）

認可外保育園長。「大家になる.JP」を主宰。不動産投資家として多くの手法を実践し、総投資230戸、2022年4月現在25棟163戸を所有し、家賃等年商1億5,000万円。日本経済新聞を初め賃貸住宅新聞、オーナーズスタイルなど取材・講演実績多数。主宰するスクールではコロナ前で8割、現在も7割の門下生が物件を買って大家さんになっている。そのほか空き家を活用したグループホームで障がい者支援も行う。近著に『高校中退父さんの小学校の算数だけでお金持ち大家さんになる方法』（みらいパブリッシング）がある。

https://youtu.be/QPpdTSGnUOA

第3章「ブルーベリーファームおかざき」畔柳茂樹氏（P94）

農業起業家。愛知県岡崎市生まれ。早稲田大学政治経済学部卒。自動車部品世界No.1の株式会社デンソーに入社。40歳で農業への転身を決意。2007年45歳で観光農園「ブルーベリーファームおかざき」を開設。起業後はデンソー時代に培ったスキルを生かし、栽培の無人化、IT集客など様々な施策を打つ。今ではひと夏1万人が訪れる地域を代表する観光スポットとなり、わずか60日余りの営業にもかかわらず、会社員時代を大きく超える年収を実現。著書に「最強の農起業!」（かんき出版）がある。

ブルーベリーファームおかざき https://blueberryokazaki.com/

第3章 プラ株式会社　谷野祐司氏（P108）

設計・デザインを中心とした建築デザインを行う。これからを考えてムダなく楽しく作るモノづくり、お客様のご希望や家族構成、将来設計などに合わせた建築をお届け。セールスプロモーションから始める店舗設計や、庭先の空き地でショップ展開を応援する小住宅のS-COREも展開中。建築・企画デザイン、そして不動産だけにとらわれず、様々なものを盛り付けて広い範囲の分野に挑戦中。

プラ株式会社 https://studio-plat.com/
CORE https://s-core.biz/

第4章「元祖鯱もなか本店」古田憲司氏（P130）

明治40年に創業し大正10年「元祖鯱もなか」の創製から、100年以上にわたり名古屋のシンボルの金のしゃちほこをイメージしたお菓子のほか、和菓子・洋菓子・季節のお菓子なども製造・販売する「元祖鯱もなか本店」を夫婦で承継。「元祖鯱もなか」は、全国菓子観光博覧会にて名誉大金賞牌受領。名古屋観光ブランド協会推薦品。SNSを駆使した情報発信で全国にファンを広げており、企業とのコラボ商品も多数。共著に「好きな場所で生きていく」（プラチナ出版）がある。

元祖鯱もなか本店 https://shachimonaka.com/
Twitter https://twitter.com/shachimonaka

第4章 株式会社いろは　三浦剛士氏（P146）

アパレル販売から不動産業に転身。2008年からシドニー（オーストラリア）に語学留学、居住歴3年。現地での就業も経験。帰国後、不動産賃貸大手を経て2014年民泊事業を開始、2016年株式会社いろは設立、不動産を軸にしたシェアリング事業展開を行っている。現在までに、京都42棟・東京7棟・鹿児島・富山の新築と中古戸建ての簡易宿所をサポート。賃貸アパート・シェアハウスの管理運営も行う。著作に「不動産投資は家賃6万円時代」（ごま書房新社）がある。

https://kamon-inn.com/
株式会社いろは https://iroha-house.com/

第4章 ジャパンプレミアムインターナショナル株式会社　大久保実氏（P162）

北海道仁木町生まれ。ニセコエリアの海外富裕層からの投資受け入れ、および外国人旅行者の誘客など地域の経済発展に貢献。これまでの経験を生かし、不動産業を中心としたアジアと日本をつなぐ観光インバウンド投資のコンサルを行っている。仁木町のワイナリー開発のプロジェクトに協力。株式会社NIKIHillsヴィレッジ執行役員、一般社団法人倶知安観光協会業務執行理事、北海道運輸局長より観光アクティビストを拝命し、インバウンド事業への取り組みなどについて各地で講演を行っている。

https://www.facebook.com/minoru.okubo.7

一般社団法人空室対策協会®について

『ノブレスオブリージュ(高貴なるモノは義務を負う)』という理念のもと、笑顔となる未来を楽しく創出し、自己成長と他己満足、社会貢献、シナジー効果を大切にしています。

「埋まらない空室はない」という信念で確立したメソッドで空室対策・空き家活用を実践しています。

団体名	一般社団法人　空室対策協会® 「空室対策協会」は特許庁の正式な認可を受けた当協会の登録商標です。
代　表	代表理事　山岸　加奈
ホームページ	https://kuushitsu-taisaku-kyokai.com/
理　念	ノブレス・オブリージュ【高貴なるモノは義務を負う】 不動産に関わる知識や経験(集合知)を人に伝える。
合言葉	埋まらない空室はない。 できるからやるのではなく、やるからできる。 自分の失敗が、相手の成功のきっかけになる。 早く行きたければ一人で行け。 遠くへ行きたければみんなで行け。
活動内容	ノブレスオブリージュの理念を掲げ、空室、空き家、空き店舗、空洞化しつつある商店街や地域に困っている方々に対して、不動産に関わる知識や経験を伝える講座を開設することにより、理念に共感する持続可能なコミュニティを形成し、地域に貢献することを目的とします。この法人は、上記の目的を達成するために、次の事業を行います。 1) 民間資格(空室対策アドバイザー)の認定事業 2) 民間資格の付与を受けた者の活動支援 3) 各種講座、講演会、セミナーおよび教育機関などへの講師派遣 4) 各種講座、講演会、セミナーおよびその他イベントの企画、開催および運営 5) 各種サービスの提供、仲介およびあっ旋 6) 各種商品の企画、製造、販売および輸出入 7) 書籍、雑誌およびその他情報媒体の企画、執筆、編集および出版 8) 著作権およびその他知的財産権の管理 9) 各種コンサルティング 10) 会員組織の運営 11) その他、この法人の目的とするために必要な一切の事業

『空き家の利活用』

読者限定無料プレゼント

本書をお買い上げくださりありがとうございます。本書の内容をより深く理解していただくために、読者プレゼントをご用意しました！

特典1 『空き家の利活用』出版記念オンラインセミナー

本文でご紹介した実践者から学ぶ空き家の利活用術を解説します。

特典2 実践者のインタビュー対談動画

本文でご紹介した実践者から学ぶ空き家の利活用術を解説します。

特典3 空き家の対策や利活用の無料メルマガ

本文でご紹介した実践者の皆さんの対談を定期的に開催します。

このURLにアクセスしていただけましたら

https://kuushitsu-taisaku-kyokai.com/tokuten

『3大特典』を無料で入手できます

実践者から学ぶ空き家の利活用術が満載!!

●著者プロフィール

山岸　加奈（やまぎし　かな）　一般社団法人空室対策協会 代表理事
K企画合同会社代表

北海道札幌市出身、東京都品川在住。大家業10年目。

日本経済新聞をはじめ、「家主と地主」「賃貸Life」取材実績多数。

全国賃貸住宅フェアやオーナーズスタイル、全国の大家の会、プロパン会社、管理会社などで講演実施多数。

著書『空室対策術』（プラチナ出版）を出版し、アマゾン不動産部門3巻、コンサル生実施800名以上。

空室対策に特化した不動産コンサルタントの道で、『埋まらない空室はない』信念を持ち、満室大家さんへのサポートをし続けている。

住むひとの気持ちを考える大家さんを全国に広めたい想いで、空室が埋まった報告を頂いた数が2300室以上を超える。

オンラインのコミュニティ運営を行い、空室に困っている全国の大家さんと繋がりを持つ。

協会の理念『ノブレス・オブリージュ』を掲げ、アドバイザーの皆さんと一緒に、その先に向けた未来を描き、その実現化を提唱する。

この理念を掲げ、空室、空き家、空き店舗、空洞化しつつある商店街や地域、農地に困っている方々に対して、不動産に関わる知識や経験を伝える活動・講座を開催することにより、理念に共感する持続可能なコミュニティを形成し、地域に貢献することを目指します。

一般社団法人空室対策協会HP
https://kuushitsu-taisaku-kyokai.com/

編集協力　布施ゆき

イラストと図解でわかる　**空き家の利活用**

2023年8月26日　初版発行

著　者　　山岸　加奈
発行人　　今井　修
印　刷　　モリモト印刷株式会社
発行所　　プラチナ出版株式会社

〒104-0031　東京都中央区京橋3丁目9-7
京橋鈴木ビル7F
TEL　03-3561-0200　FAX　03-6264-4644
http://www.platinum-pub.co.jp

ISBN 978-4-909357-86-1